Youtube

Wie du Youtube Videos selber machst, einen eigenen Channel aufbaust, Geld verdienst und den Youtube Algorithmus verstehst.

Jannik Utiz

Inhaltsverzeichnis

YouTube vorgestellt 1

Die richtige Kamera 7

Das Drehbuch 13

Das Filmen 18

Das Einstellen des Videos 25

Die Extras 28

Was zieht 33

Erfolgreiche Channels 41

Wie du ein Star werden kannst 44

Geld verdienen 47

Der YouTube-Algorithmus 51

Typische Fehler auf YouTube 59

Fazit 63

YouTube vorgestellt

YouTube ist für Videos. Okay, das ist nichts Neues und das weiß eigentlich jeder. Wenn man aber genau hinsieht, dann ist YouTube für Videos das, was das Internet für Texte ist. Jeder kann seinen eigenen Blog oder seine Homepage erstellen, einen Text verfassen und diesen dort veröffentlichen. YouTube erlaubt nun genau das Gleiche, nur mit Videos. Das ist aus mehrerlei Hinsicht verlockend. Warum man dies jedoch tun kann oder tun sollte und wie man es richtigmacht, das erklären wir hier. Wir stellen dir YouTube vor, damit du weißt, warum du es nutzen solltest und was die Plattform alles kann.

YouTube ist nicht die einzige Videoplattform im Internet. Sie hat jedoch viele Leute überzeugt und ist damit mit weitem Abstand die größte, derzeitige Videoplattform. Die Videos kann man kostenlos streamen. Manchmal muss man zwar zuerst etwas Werbung über sich ergehen lassen, die meisten Videos gibt es aber ohne.

Das Wort YouTube hat sogar eine Bedeutung. Man kann es frei mit „du sendest" übersetzen. Damit ergibt sich auch das Programm der Plattform. Es geht weniger darum, dort Hollywood Blockbuster für zahlende Kunden bereitzustellen. Vielmehr sollen die Nutzer der Plattform dort ihre eigenen Videos kostenfrei hineinstellen, damit andere Nutzer sie nicht minder kostenfrei ansehen können.

Die Videos auf YouTube sind nur zum Streamen gedacht. Eigentlich kann man sie nicht herunterladen. Jeder weiß aber, wo es ein „eigentlich" gibt, da ist auch ein „uneigentlich" nicht weit. Für YouTube bedeutet dies, dass es inzwischen bestimmte Add-ons für Browser und Tools gibt, die einen Download der Videos ermöglichen. Ebenfalls kann man sich über die YouTube-App einige der Videos auch herunterladen und für einen begrenzten Zeitraum auch dann anschauen, wenn man nicht online ist. Man muss den Download nur alle paar Tage wieder erneuern.

Jeder kann auf YouTube einen Account eröffnen. Der Account macht den jeweiligen Nutzer zu einem YouTuber. Damit bekommt man auch gleich noch einen eigenen YouTube-Channel. Auf diesem Channel kann man seine eigenen Filme hochladen und für andere Nutzer verfügbar machen.

Wer ein Video auf YouTube hochladen möchte, bekommt die Möglichkcit, einzustellen, wer es sehen soll. Wer sich dafür entscheidet, das Video öffentlich einzustellen, der erlaubt anderen Nutzern, das Video zu finden und es sich anzuschauen. Dafür können die Nutzer einfach eine Suche in der eigenen Suchmaschine von YouTube starten. Man kann sich aber auch entscheiden, das Video privat einzustellen. Dann kann das Video nur von denen angeschaut werden, die den Link dazu haben. Der ist am Anfang nur dem bekannt, der das Video hochgeladen hat.

Heute ist YouTube aber viel mehr als nur eine Plattform für privat gedrehte Filme. Die Musikindustrie hat YouTube schon vor Jahren entdeckt, dazu kommen Fernsehsender und die Filmindustrie. Dementsprechend kann man auf YouTube die Trailer der neuesten Filme anschauen. Ebenso findet man dort die neuesten Musikvideos und sogar ganze Filme. Letztere sind jedoch nicht unbedingt die Neuesten. Vielmehr handelt es sich dabei um alte Filme, die aber dennoch schön sind.

Angefangen hat YouTube im April 2005. Damals wurde das erste Video auf dieser Plattform eingestellt. Es zeigte einen der drei Gründer von YouTube, Jawed Karim, im Zoo. Der Titel des Videos war dafür ganz unspektakulär „Me at the zoo". Dieses Video wurde seit damals mehr als 45 Millionen Mal angeschaut.

Neben Jawed Karim waren noch Chad Hurley und Steven Chen an der Entstehung der Plattform beteiligt. Die Drei kannten sich durch ihre Arbeit bei PayPal. Dank YouTube jedoch brauchen sie inzwischen gar nicht mehr zu arbeiten. Sie haben nämlich die Plattform an Google verkauft. Der Verkauf fand ein Jahr nach der Gründung der Plattform statt. In diesem einen Jahr hatte es YouTube geschafft, von neu und unbekannt auf einen Preis von 1,3 Milliarden Euro anzusteigen.

Neben den drei Gründern hat YouTube aber auch noch viele andere Nutzer reich gemacht. Das funktioniert immer dann, wenn jemand viele Filme macht, die beim Publikum ankommen. Sobald ein Channel berühmt wird, kann man über die Werbung damit Geld verdienen. Das klingt leicht, doch es ist ein wenig komplizierter, als man denkt. Um damit überhaupt irgendwelches Geld zu machen, braucht man nämlich Tausende von Abonnenten. Damit sich das Ganze jedoch lohnt, muss man noch viel Geld in die Werbung und Verwaltung und auch viel Geld und Zeit in die Produktion der Videos stecken. So im Vorbeigehen kann man mit YouTube nicht mehr reich werden.

YouTube hat aus verschiedenen Gründen seine Berühmtheit erlangt. Ein Grund ist, dass man es leicht über die sozialen Netzwerke teilen kann. Wer über Facebook verfügt, kann die Videos von YouTube dorthin teilen. Ebenso kann man ein Video per WhatsApp an seine Freunde schicken. Auch für das Marketing kann man YouTube benutzen. Dazu erstellt man ein YouTube-Video und bindet dieses auf die Webseite des Unternehmens ein.

Als Nutzer, der sich die Videos einfach nur anschauen möchte, kann man über die AutoPlay-Funktion einfach die Videos den ganzen Tag über laufen lassen. Nach den bisher geschauten Videos erstellt YouTube eine Liste Vorschlägen. Im AutoPlay arbeitet YouTube diese Liste einfach ab.

YouTube kann sich der Geschwindigkeit des Internets anpassen. Verfügt man über eine große Bandbreite, dann werden die Videos in einer hohen Qualität gestreamt. Ist das Internet dagegen langsam, dann kann man die Videos noch immer flüssig sehen. Dafür wird einfach die Bildqualität herabgesetzt.

Eine höhere Bildqualität bedeutet aber auch eine größere Datenmenge. Wer bei seiner Flatrate eine Volumenbegrenzung hat oder sogar nach Volumen bezahlt, der kann per Hand die Bildqualität herabsetzen. Tut man dies nicht, dann droht sehr schnell der Datenoverkill.

Interessant ist, dass das Herunterladen der Filme heute über Add-ons, wie schon angesprochen, möglich ist. Man befindet sich dabei jedoch in einer rechtlichen Grauzone und sollte daher vorsichtig sein. Das Herunterladen selbst gilt nicht unbedingt und immer als illegal, doch es ist ebenso nicht immer legal. In einigen Fällen kann es eine Urheberrechtsverletzung darstellen. Daher sollte man vor dem eigentlichen Herunterladen mit der App schauen, ob ein normaler Download möglich ist. Wenn ja, dann gibt es keine Probleme mit Urheberrechten. In jedem Fall darf man aber die Kopie, die man sich heruntergeladen hat, nicht kommerziell verwerten.

YouTuber veranstalten auch oft genug Events außerhalb der eigentlichen Plattform. Ein Beispiel dafür sind die Video-Days. Dies sind zwei oder drei Tage im Jahr, an denen sich die YouTuber landesweit treffen. Sie tauschen ihre Ideen aus und machen mit Sicherheit auch das eine oder andere Video.

Damit auch du dich mit deinen Videos erfolgreich auf YouTube tummeln kannst, haben wir dieses Buch hier geschrieben. Wir erklären dir die wichtigsten Dinge, die du brauchst, um auf YouTube erfolgreich zu sein. Das beginnt schon bei der Kamera. Man kein einfach kein Video ohne eine Kamera erstellen. Welche jedoch die Richtige ist, das entscheidet sich nach mehreren Kriterien, darunter natürlich auch der Preis. Mehr dazu findest du im nächsten Kapitel.

Neben einer Kamera brauchst du auch einen Plan. Was willst du drehen? Wie willst du es darstellen? Was ist der Sinn bzw. der Zweck dahinter? Dieser Plan ist dein Drehbuch. Was du dazu beachten musst, was hineingehört und wie man es aufbaut, das verraten wir dir in einem eigenen Kapitel.

Nach dem Drehbuch gehen wir auf das eigentliche Filmen ein. Wie baut man die Szene auf? Wie schafft man das richtige Licht? Was lässt man seine Akteure unternehmen? Auch hier gibt es wieder einige wichtige Tipps und Tricks für ein erfolgreiches Video.

Zum richtigen Dreh gehört aber noch mehr. Darum verraten wir dir in einem weiteren Kapitel, welche Extras es gibt, auf die du achten musst. Dazu gehören vor allem eine gute Vorbereitung, das richtige Licht und ein ordentlicher Ton.

Ist das Video abgedreht, dann muss es eingestellt werden. Auch hier gibt es wieder Einiges zu beachten. Was das ist und wie man auch längere Videos auf YouTube bekommt, das verraten wir dir dann im Kapitel „Das Einstellen des Videos".

Danach kannst du herausfinden, welche Themen sich bewährt haben. Nicht alles gefällt genug Nutzern, um damit erfolgreich zu sein. Daher, wenn man Geld verdienen möchte, muss man sich auf die Themen konzentrieren, die bei der Masse ankommt. Welche das sind, verraten wir dir in cincm eigenen Kapitel.

Im Weiteren werden wir auch noch darauf eingehen, wie man Geld auf YouTube verdient. Wir werden erfolgreiche Channels vorstellen und wir werden uns auch mit dem leidigen Thema des Rechts befassen. Dazu gibt es noch ein paar Tipps, wie man selbst zu einem Star werden kann.

Die richtige Kamera

Für die meisten beginnt das eigene Erstellen von YouTube-Videos mit einer großen Frage: Welche Kamera ist die richtige für mich? Die Frage suggeriert es schon, indem sie auf „... für mich" endet, dass es *die* richtige Kamera für alle eigentlich nicht gibt. Es hängt einfach davon ab, was man damit anstellen will.

Zur Auswahl stehen grundsätzlich vier Kategorien von Kameras. Die einfachste Version ist die Kamera des eigenen Handys. Dann gibt es die kleinen Kameras für den Video Blog und die richtig großen Kameras. Als kleines Extra sollte man die Webcams nicht vergessen.

Die Auswahl findet nach vier Kriterien statt. Das Erste ist, wie einfach man die Kamera transportieren bzw. wie einfach man sie bewegen kann, um damit etwas aufzunehmen. Das mag jetzt für viele ein wenig überflüssig sein, doch wir erklären diesen Punkt im Weiteren noch mehr. Das Zweite ist der Preis, dann kommt die Qualität der Aufnahme und zu guter Letzt der schon angesprochene Verwendungszweck.

Bevor wir mit den anderen Punkten ins Detail gehen, sollten wir hier mit dem Mythos Qualität einmal etwas aufräumen. Die Qualität einer Kamera bzw. deren Aufnahme ist ein oftmals überschätzter Punkt. Die Qualität der Aufnahme bestimmt sich über die Auflösung. Hier schwören viele auf 4K, doch das ist übertrieben. Die meisten Nutzer von YouTube können diese hohe Auflösung überhaupt nicht benutzen. Daher ist Full HD mehr als ausreichend.

Jannik Utiz

Am Anfang seines Videoprojektes hat man oftmals nur ein kleines Budget oder sogar fast gar keines. Dazu hat man so gut wie keine Erfahrung und man will kein Risiko eingehen. Kurz, man möchte experimentieren. Hier eignet sich der Einsatz von Handykameras am meisten. Diese bringen hier gleich in mehrfacher Hinsicht Vorteile.

Als Erstes wird man heute schon standardmäßig über ein Handy mit einer ordentlichen Kamera verfügen. Ab dem iPhone 6s gibt es die Kameras sogar mit der Fähigkeit, 4K aufzunehmen. Man spart sich also komplett die Anschaffungskosten und die mitunter beschwerliche Auswahl unter den verschiedenen Modellen.

Das Handy hat man auch überall dabei. Wenn man also noch dabei ist, sich zu finden, oder zum Beispiel Reisebilder für einen Travel-Blog aufnimmt, dann ist das Handy geradezu ideal. Es ist einfach immer dabei, und sobald man etwas Interessantes sieht oder eine gute Idee hat, kann man es hervorzaubern und die Aufnahme beginnt.

Wer über ein entsprechend modernes Handy mit einer Kamera in der nötigen Qualität verfügt, wird auch eine dementsprechende Bandbreite haben. Sprich, man kann das Video fast sofort nach dem Dreh auf seinen Channel hochladen. Man muss es nicht erst von der Kamera auf den Computer übertragen und dann hochladen oder die Kamera über ein Netzwerk mit dem Internet verbinden. Das Handy bietet diese Funktion als integralen Bestandteil mit an. Das gilt jedoch nur für einen einfachen Dreh. Man kann zwar die Videos auch auf einem Handy bzw. mit demselben schneiden, doch es empfiehlt sich, dafür einen Computer zu verwenden.

Will man damit beginnen, Videos für YouTube mit der Handykamera zu machen, muss man aber einige Dinge beachten. Man sollte dies nicht mit der normalen, vorinstallierten Kamera-App machen. Das Problem mit dieser ist nämlich, dass sie die Helligkeit und den Fokus automatisch einstellt. Dadurch versucht sich die Kamera beständig, an die sich ändernden Umstände anzupassen. Die Folge ist ein Video, welches ständig unscharf ist und zwischen hell und dunkel wechselt. Man muss sich also eine spezielle App herunterladen, mit der man den Fokus und die Helligkeit fest einstellen kann.

Während das Handy selbst natürlich ausreichend ist, vor allem am Anfang, kann man seine Eignung noch steigern, indem man ein nicht allzu teures Zubehör anschafft. Dies sind ein Halter und ein kleines Stativ. Damit steht das Handy und wackelt nicht ständig. Man hat nämlich keine so ruhige Hand, wie man das gerne hätte. Damit sich der Sound auch wirklich gut anhört, sollte man noch ein kleines Mikrofon verwenden, welches man dann an das Handy anschließen kann.

Für den Drehort muss man sich für eine von zwei Möglichkeiten entscheiden. Entweder geht man an einen sehr hellen Ort oder man muss ein wenig mehr Ausrüstung mitbringen und ein paar Scheinwerfer aufstellen.

Wenn dann der Dreh starten soll, stellt man das Handy auf den Flugmodus. Damit wird verhindert, dass irgendwelche Nachrichten oder Anrufe die Aufnahme stören. Als Nächstes muss man die Eigenschaften von YouTube verstehen. Dort sind nämlich alle Videos horizontal ausgerichtet. Wenn man jetzt also mit seinem Video hochkant dreht, dann sieht das komisch aus und wirkt überhaupt nicht gut. Daher sollte man den Dreh immer mit einem waagerecht gehaltenen Handy durchführen.

Eine Kamera für den richtigen Dreh, wenn man also mehr als nur sich selbst aufnehmen möchte, ist die Sony Alpha. Diese Kamera ist klein und kompakt, weil sie spiegellos ausgeführt ist. Dank dieser Ausführung ist sie jedoch dennoch in der Lage, eine sehr hohe Auflösung zu bringen. Selbst 4K sind mit ihr möglich. Der Autofokus kann sich ebenfalls sehen lassen. So ist es möglich, zum Beispiel einem sich bewegenden Objekt zu folgen.

Die Sony Alpha eignet sich also dank ihrer Kompaktheit für Aufnahmen unterwegs. Sie ist jedoch für das Videobloggen weniger geeignet. Das liegt daran, dass sich der Bildschirm zwar ein wenig drehen, aber nicht umklappen lässt. Man kann die Sony Alpha also nicht vor sich aufbauen, sich selbst filmen und sich dabei zugleich noch zusehen. Für einen Vlogger, einem Videoblogger, ist dies jedoch besonders wichtig. So kann man gleich während der Aufnahme mitverfolgen, wie das wirkt, was man da von sich gibt.

Die Canon EOS Kameras sind eine Serie von Spiegelreflexkameras. Sie erzeugen ein super Bild, doch sie sind nicht so kompakt wie die Sony Alpha. Ihre Benutzung ist einfach gehalten, sodass sie gerade auch für Anfänge gut geeignet sind. Sie eignen sich auch zum Vloggen, so man dies möchte, denn sie bringen einen Bildschirm mit, den man komplett umklappen kann. So kann man während der Aufnahme eines Video-Blogs sofort sehen, wie man auf dem Film wirkt. Sie sind vor allem in preislicher Hinsicht im Mittelfeld angesiedelt, man übernimmt sich also nicht finanziell, und sie sind sehr robust.

Canon ist eine große und vor allem alteingesessene Firma im Bereich der Kameras. Daraus ergibt sich für die Canon EOS Kameras eine riesige Auswahl an Objektiven. Viele davon sind auch gebraucht erhältlich. Man kann also viel herumexperimentieren. Die Bildqualität hängt nämlich viel mehr vom Objektiv als der Kamera ab. Man kann also über die Zeit hinweg seine Kamera langsam aufrüsten.

Eine weitere, sehr gelungene Funktion für diese Kameras ist die Möglichkeit, dass man sie direkt mit dem Computer verbinden kann. So kann man während der Aufnahme sein eigenes Bild nicht nur auf dem kleinen Bildschirm der Kamera, sondern auch auf dem Computer sehen. Man kann mit einer speziellen Software dann auch über den Computer Einstellungen auf der Kamera vornehmen.

Wer einen Video-Blog betreiben möchte, der ist am besten mit der Sony CyberShot beraten. Sie befindet sich preislich im oberen Segment, doch sie sind klein und handlich, sodass man sie im Notfall auch einfach in der Hand halten kann. Ihre Bildqualität ist sehr gut und den Bildschirm kann man komplett umklappen, sodass man sich selbst beim Vloggen betrachten kann.

Die Nachteile der CyberShot sind, dass man kein externes Mikrofon verwenden kann. Man muss sich also mit dem Mikrofon der Kamera selbst begnügen oder einen externen Rekorder benutzen. Ebenso lässt sich das Objektiv nicht austauschen. Wer also ein Upgrade möchte, der muss die gesamte Kamera ersetzen.

Eine günstigere Variante ist die Canon G7X. Diese teilt sich im Wesentlichen die Vor- und Nachteile mit der CyberShot. Ihr einziger Unterschied ist der Preis.

Eine Stufe einfacher vor allem im Hinblick auf Vlogs sind die Webcams. Diese sind preislich nicht so hoch, sie stellen das Bild sofort auf dem Computer dar und sie lassen sich über den Computer einstellen. Dazu kommt, dass sich das Video sofort auf dem Computer befindet, wo man es bearbeiten oder direkt hochladen kann.

Die Kamera ist eine der größten Kostenpunkte, wenn nicht sogar der Größte. Darum heißt es hier, klug anzufangen. Wer noch am Experimentieren ist, sollte nicht mit einer super Profikamera loslegen. Stattdessen reicht eine Webcam für einen Video-Blog bzw. ein Handy für den gleichen Zweck oder für Videos unterwegs. Nur wenn man schon einen Erfolg absehen kann, empfiehlt es sich, aufzurüsten. In jedem Bereich machen sich die Kameras der Canon EOS-Serie gut. Sie mögen allein nicht unbedingt die Standardkameras für einen Vlog sein, doch man kann sie über den Computer steuern. Damit werden sie zu den Kameras, die sich am besten für einen Video-Blog eignen und sie sind ebenfalls sehr gut für unterwegs. Man kann sie über die Objektive aufrüsten und diese sind oftmals auch noch gebraucht erhältlich, wenn das Budget einmal kleiner ist. Erst danach, wenn man sich so richtig sicher ist und festlegen möchte, sollte man auf eine der spezielleren Varianten umsteigen.

Das Drehbuch

Ein Drehbuch ist eine große Hilfe, um den eigentlichen Dreh zu organisieren. Mit dem Drehbuch kannst du deine Ideen so anordnen, dass daraus eine Handlung entsteht, die du dann entsprechend filmen kannst. In anderen Worten, ein Drehbuch nimmt den Dreh vorweg, damit am eigentlichen Drehtag das Team nicht herumsteht und keine Ahnung hat, sondern ein Plan besteht, der deine Ideen in die Realität umsetzt.

Nun ist es in der YouTuber-Szene auch oft so, dass man lieber spontan bleiben möchte. Das ist richtig und falsch zugleich. Erstens ist es richtig, denn ein jeder YouTuber kann selbst bestimmen, ob er ein Drehbuch möchte und wie viele Details es beinhalten soll. Zweitens ist es falsch, denn es kommt auch sehr auf das Video an.

Wer einen Video-Blog betreiben möchte, wird sich vorher sicherlich überlegen, was er sagen will. Das ist auch ein Drehbuch. Dabei kann man jedoch den Inhalt nur groß umreißen oder Wort für Wort niederschreiben. Das ist jedem selbst überlassen und hängt auch von der Person ab. Wer besser im spontanen Reden ist, braucht nicht viel niederzuschreiben. Wer jedoch gerne viel vergisst, der sollte seinen Text so genau wie möglich vorher zurechtlegen und dementsprechend als Drehbuch aufschreiben.

Wer einen Reise-Blog betreibt, wird oftmals eher spontan seine Reisefilme erstellen. Auch hier kann man oft auf ein Drehbuch verzichten. Es macht aber doch Sinn, sich wenigstens einige Punkte zurechtzulegen, die man gerne zeigen möchte.

Wer jedoch eine richtige Szene mit mehreren Schauspielern aufzeichnen möchte, wird um ein detailreiches Drehbuch nicht herumkommen. Damit haben die Schauspieler die Chance, ihre Rollen zuvor auswendig zu lernen und am Set weiß jeder, was von ihm erwartet wird.

Drehbücher sind also im Wesentlichen ein Plan für den Dreh. Sie enthalten eine Beschreibung der Szene bzw. deren Ablauf, den Text, den die Schauspieler bzw. Sprecher sagen sollen, Drehanweisungen und Anleitungen für das gesamte Team. Je genauer man hier wird, desto besser funktioniert die Zusammenarbeit beim eigentlichen Dreh. Desto weniger hat man beim Dreh dann noch zu organisieren und desto mehr entspricht das Endprodukt den eigenen Vorstellungen.

Die Filmbranche hat natürlich Regeln und Richtlinien für ihre Drehbücher entwickelt. Wer will, kann diesen Regeln folgen, denn sie stammen schließlich aus einer jahrelangen Erfahrung und sie haben sich bewährt. Wem das aber zu aufwendig ist, der kann sich auch seine eigenen Regeln machen. Das ist das Gute an seinem eigenen Filmprojekt, man ist komplett sein eigener Herr. Es sollte aber dennoch mindestens festgehalten sein, wer welche Rolle spielt und was die jeweilige Rolle zu sagen hat. Ebenfalls gut sind Anweisungen, wer zum Beispiel wo steht oder wann den Raum betritt.

Natürlich ist es auch für Profis manchmal schwer, einen Anfang zu finden. Um dieses Problem zu umgehen, fang einfach mit deiner Idee an. Diese Idee hat dich ja in das Filmgeschäft gebracht, also nutze sie. Stell dir die Handlung als einen Film vor und schreib einfach diesen Film mit seinen Szenen nieder. Ist es dabei zu schwer, am Anfang zu beginnen, dann fang einfach in der Mitte an. Du kannst den Anfang auch später noch hinzufügen.

Hast du die Handlung niedergeschrieben, dann stell dir vor, dass du einer der Schauspieler bist, der eine der Rollen spielen soll. Welche Informationen und Anweisungen brauchst du, damit du die Rolle richtig spielst? Diese Anweisungen bzw. Informationen fügst du jetzt hinzu.

Hab keine Angst davor, wenn du etwas nicht genau weißt. Google und Co helfen dir gern. Eine kleine Recherche tut nicht weh. Ebenso ist es kein Problem, den zukünftigen Drehort einmal aufzusuchen. Dann hat man ein besseres Bild davon im Kopf, wer auf welcher Position welche Aufgabe zu erfüllen hat. Wieder hat man etwas mehr, das man in das Drehbuch einfügen kann.

Während des Schreibens solltest du eine Angst davor haben, auch mal einen Fehler zu machen. Du schreibst ohnehin alles auf deinem Computer. Du kannst also jederzeit eine Änderung vornehmen. Du kannst auch dein Team befragen. Die Teammitglieder haben oft gute Ideen für die Handlung und sie können dir auch sagen, welche Informationen sie noch in dem Drehbuch brauchen.

Wenn du schreibst, solltest du ruhig deinen eigenen Stil entwickeln und durchhalten. Es ist dein Projekt, dein Drehbuch also auch dein Stil. Kreatives Schreiben ist einfacher, wenn man dabei auch mit seinem Stil kreativ ist. Es geht schließlich um deine eigenen Ideen. Natürlich kannst du dir auch die Drehbücher anderer anschauen, um dir Ideen zu holen. Am Ende muss es aber nur dir gefallen.

Was ganz besonders wichtig ist, wenn du Szenen beschreibst, ist, dass diese authentisch sind. Das geht nur, wenn die Persönlichkeiten, also deine Rollen, glaubhaft sind. Gib ihnen ein Verhalten, das dem eines normalen Menschen entspricht. Das Gleiche gilt auch für das, was deine Rollen sagen. Klingt dies nämlich nicht natürlich, ist der Misserfolg schon vorprogrammiert.

Wenn du deinen Drehort erkundest, um dich inspirieren zu lassen, schau auch darauf, dass man dort wirklich einen Dreh durchführen kann. Werden zum Beispiel in der Nachbarschaft laute Bauarbeiten vorgenommen, dann musst du einen anderen Drehort finden. Neben der Geräuschkulisse sollte auch die Beleuchtung entweder stimmen oder zumindest so gut vorhanden sein, dass du sie mit deinen Mitteln richtig einstellen kannst.

Wenn du einen Teil des Drehbuches oder das ganze Drehbuch fertig hast, lass es noch einmal von jemandem anders lesen. Der Andere findet oftmals noch eine gute Idee oder hilft, Unklarheiten zu finden, wo man dann noch etwas nachbessern kann.

Für die Handlung selbst gibt es einen klassischen Aufbau, der sich immer wieder bewährt hat. Dieser Aufbau enthält drei Akte. Im ersten Akt werden die Personen und die Hintergrundgeschichte vorgestellt. Hier gibt es normalerweise drei Ansätze. Die Hauptfigur hat einen normalen Tag oder etwas besonders Gutes bzw. etwas besonders Schlechtes ist passiert.

Der zweite Akt bringt den Hauptteil der Geschichte. Hier gibt es all die Drehungen und Wendungen, für die man sich einen Film überhaupt ansieht. Hat die Hauptfigur zum Beispiel einen normalen

Youtube

Tag, dann passiert jetzt etwas Schlimmes. War der erste Akt mit einem guten Ereignis gestartet, dann geht es nun steil bergab. War die Ausgangsituation im ersten Akt schlecht, dann kann man von hier aus direkt weitergehen oder die Hauptfigur noch tiefer ins Unglück stürzen lassen.

Im dritten und letzten Akt werden alle Konflikte gelöst, alle Unglücke in Glück umgewandelt und die Hauptfigur hat nun ihr sehr gutes Erlebnis des ersten Aktes wieder bzw. erlebt nun erst ihr vollkommenes Glück.

Dieser Aufbau mag nun lang und kompliziert erscheinen, doch er lässt sich auch in einem kurzen Film umsetzen. Er hat sich bei unzähligen Hollywoodklassikern bewährt, angefangen von Cinderella über Pretty Woman und selbst beim Terminator.

Das Filmen

Der Dreh selbst ist der wichtigste Moment für einen Film. Hier sollte man ruhig und methodisch vorgehen, denn was man hier falsch macht, kann man später nicht mehr berichtigen. Daher gilt als Daumenregel, dass man alles vorher bereit und fertig hat, dass man alle Szenen mehrmals und aus verschiedenen Perspektiven dreht und dass man darauf achtet, keine Persönlichkeitsrechte zu verletzen.

Fangen wir mit dem Unangenehmsten an, den Persönlichkeitsrechten. In Deutschland gelten das Recht am eigenen Bild und das Recht auf Schadensersatz, wenn das Recht am eigenen Bild verletzt wurde. Auf der anderen Seite gilt aber auch, dass, wer auf öffentlichen Plätzen unterwegs ist, damit rechnen muss, gefilmt zu werden. Wie bringt man das nun unter einen Hut? Ganz einfach. Dreh nicht absichtlich, vorsätzlich oder gezielt fremde Personen oder deine Freunde, die nicht im Bild sein wollen bzw. sein sollten. Dann bist du rechtlich auf der sicheren Seite.

Damit man am Drehort keine unangenehmen Überraschungen erlebt, sollte man seine gesamte Ausrüstung im Vorhinein überprüfen. Dazu gehört auch der Check des Ladezustandes des Akkus bzw. des Reserveakkus, über welchen man idealerweise auch verfügen sollte. Die Überprüfung des Vorhandenseins und der Funktionalität von Speicherkarten, Beleuchtungsmitteln, Mikrofonen und was man sonst noch braucht. Es empfiehlt sich auch, so der Dreh drinnen stattfindet, für alle Fälle ein Ladegerät mitzunehmen. Schalte alle Geräte einmal ein und dann wieder aus, um dich wirklich davon zu überzeugen, dass sie funktionieren.

Befindet sich der Drehort in deinen eigenen vier Wänden, dann räum auf. Lass keine Wäsche auf dem Boden herumliegen und achte darauf, dass sich nichts im Bild befindet, was nicht dorthin gehört. Stell das Stativ auf und überprüfe, ob es fest steht. Vergewissere dich im Sucher der Kamera, dass du auch wirklich nur das im Bild hast, was du später dort sehen willst.

Mache eine erste Kamerafahrt. Lass die Kamera laufen und bring sie dabei in jede Position, die sie später einnehmen soll. Sieh dir danach das Video genau an. Stell sicher, dass keine Lichter, Schatten oder andere unerwünschte Spiegeleffekte, Gegenstände oder Ähnliches die Bilder später verunstalten.

Achte schon beim Aufbau und auch bei der ersten Kamerafahrt darauf, dass du wirklich ausreichend Licht hast. Nichts macht den Genuss eines Videos mehr zunichte, als ein dunkles und unscharfes Bild. Am besten ist es, das natürliche Tageslicht zu nutzen. Scheu dich aber nicht davor, Lampen oder Scheinwerfer zu einzusetzen, wenn das Tageslicht nicht ausreicht. Solltest du eine Nachtszene drehen wollen, brauchst du dennoch genug Licht am Set, damit du die Szene selbst sehen kannst und damit deine Teammitglieder genug Licht haben, um ihre Arbeiten durchführen zu können.

Die Szene, zum Beispiel du selbst auf deinem Sofa sitzend, in einem Video-Blog, sollte so aufgenommen werden, dass die Personen in Richtung des Lichtes gedreht sind und die Kamera auf die Personen zeigt.

Bist du darauf angewiesen, künstliches Licht zu verwenden, doch du hast nicht in die speziellen Scheinwerfer investiert, dann kannst du noch immer improvisieren. Benutze weiße Glühbirnen für deine Lampe und wirf ein dünnes Tuch darüber. Die Lampe sollte sich leicht hinter und neben der Kamera befinden und ihr Licht sollte vor allem auf das Gesicht der Darsteller leuchten. Das sorgt vor allem für ein gutes Weißlicht. Sei jedoch ein wenig vorsichtig, es gibt nicht nur ein zu dunkel, sondern auch ein zu hell. Verlass dich nicht nur auf deinen normalen Eindruck oder den Sucher der Kamera. Nimm ein paar Sekunden auf und vergewissere dich, indem du dir das Video anschaust, ob das Licht wirklich nicht zu hell oder zu dunkel ist. Vlogger haben es hier am einfachsten, wenn sie die Beleuchtung auf dem Computer überprüfen können, sofern dieser direkt mit der Kamera verbunden ist und deren Bild wiedergibt.

Nachdem nun alles bereit ist und die erste Kamerafahrt absolviert wurde, kannst du gleich noch ein paar mehr Videos bzw. Bilder der Umgebung machen. Das dient gleich mehreren Zwecken. Denn diese Aufnahmen sind ein wunderbares Testmaterial. Damit kann man noch einmal neue Ideen für Kamerapositionen oder Lichteinstellungen bekommen. Ebenfalls kann man später mit diesen Aufnahmen den eigentlichen Film auflockern, indem man sie dort einstreut. Ebenso kann man dann später noch einen Film über die Dreharbeiten zusammenstellen, für den sich diese Aufnahmen als sehr hilfreich erweisen. Auch eignen sich diese Aufnahmen dann, wenn man Übergänge oder Hintergründe für einen Kommentar bzw. den Abspann braucht. Wenn du die Aufnahmen deiner Umgebung machst, achte darauf, dabei ein

Nahaufnahmen konzentrieren sich auf eine oder zwei Personen. Sie können einen Dialog zwischen beiden darstellen, doch sie eignen sich am besten, wenn es um das Einfangen von Emotionen geht. Die Personen sollten sich dabei nicht unbedingt immer in der Mitte der Aufnahme befinden, sondern besser ein wenig zur Seite der Mitte.

Es kann sein, dass du eine Einstellung mehrmals wiederholen musst. Das ist jedoch kein Problem. Es ist besser, eine erfolgreiche Aufnahme zu wiederholen, als eine gescheiterte Aufnahme nur einmal zur Hand zu haben. Das Problem ist nämlich, dass man erst später, beim Sichten der Aufnahmen, die vielen kleinen Fehler sieht, die eine solche Aufnahme eigentlich unverwendbar machen. Daher sollte man auch dann, wenn man vermeintlich alles richtiggemacht hat, eine Einstellung mindestens noch ein zweites Mal und besser noch ein drittes Mal durchführen. Auf diese Weise kannst du schlechte Aufnahmen verwerfen oder die Einstellungen sogar zusammenschneiden.

Wer sich beim Dreh selbst inspiriert fühlt, mehr als nur die eigentlichen Szenen aufzunehmen, sollte dies auch gern tun. Diese Szenen kann man später als Übergangsszenen verwenden, für Kommentare oder den Abspann einblenden oder einfach das Drehbuch damit erweitern. Dafür eignen sich zum Beispiel Interviews mit den Schauspielern oder dem Drehteam, Kostümproben oder irgendwelche lustigen Momente, die man nicht verloren gehen lassen möchte.

Sind in dem Drehbuch Szenen, die die gleiche Kulisse bzw. den gleichen Hintergrund und die gleichen Kostüme benötigen, dann sollte man diese Szenen hintereinander drehen. Es schadet dabei nicht,

Stativ zu verwenden. Damit verwackeln die Aufnahmen nicht und sehen professionell aus, falls du sie später noch verwenden möchtest.

Für die Aufnahme des Videos empfehlen sich drei unterschiedliche Einstellungen für verschiedene Zwecke. Diese Einstellungen sind die Totale, die Mittlere und die Nahaufnahme. Je nach Zweck kann man diese drei Einstellungen variieren, und damit einen professionell aussehenden Film erstellen. Damit hebst du dich vor allem von den Heimvideos ab, die normalerweise durchgehend mit nur einer Einstellung gedreht werden.

Die sogenannte Totale ist eine Panoramaaufnahme mit einem Weitwinkelobjektiv. Dafür muss man auf jeden Fall ein Stativ verwenden, denn auch noch das geringste Ruckeln fällt hier auf. Die Totale eignet sich vor allem für Szenenwechsel oder um ein großes Ereignis in seiner Gesamtheit darzustellen. Dies ist vor allem bei einer Party oder einer Hochzeit der Fall. Sollte man Verfolgungsjagden mit Autos oder Motorrädern drehen wollen, dann eignet sich auch hier die Totale. Dies gilt vor allem dann, wenn man die Straße dabei aus einem spitzen Winkel aufnimmt.

Aufnahmen aus mittlerer Distanz zeigen vor allem komplette Aktionen. Dafür sollte man mit der Entfernung ein wenig experimentieren bzw. den Zoom dafür richtig einstellen. Das Ziel ist, eine Aktion, wie zum Beispiel einen Showkampf, Kinder beim Spielen oder einen Gruppentanz, komplett darzustellen, doch nicht mehr als das. Der Zoom bzw. die Distanz muss so gewählt werden, dass die ganze Szene in den Auffassungsbereich der Kamera gelangt, doch nichts weiter darüber hinaus.

dass die Szenen vielleicht im eigentlichen Film nicht hintereinanderstehen sollen. Man kann sie später noch an die richtige Position schneiden. Dazu ist die digitale Technik doch da.

Soll bei der Szene gesprochen werden, dann ist darauf zu achten, dass du oder die Schauspieler auch laut und deutlich sprechen. Genuschel oder hastiges Gerede aus Nervosität haben hier nichts zu suchen. Werden beim Dreh Mikrofone verwendet, dann müssen die Sprecher so direkt wie möglich in diese hineinsprechen.

Ein weiterer typischer Anfängerfehler ist das Spiel mit den Farben. Man sollte darauf achten, dass die Farbe der Kleidung aller, die in dem Film auftauchen, nicht der Farbe des Hintergrundes entsprechen darf. Ist der Hintergrund weiß, dann empfiehlt sich das Tragen von eher dunklen Sachen. Spielt die Szene im Grün der Natur, dann sind grüne Sachen tabu.

Der Hintergrund hat oftmals auch eine unterbewusste Auswirkung auf die Zuschauer. Ist er unaufgeräumt, dreckig oder chaotisch, dann wirkt das ganze Video ebenso unaufgeräumt und chaotisch. Die Folge ist, dass sich der Zuschauer nicht wohlfühlt und dann sein Zuschauen beendet.

Achte auf alle Informationen, die du eventuell preisgibst. Dazu gehört alles, was du oder dein Team vor der Kamera sagt, aber auch alles, was die Kamera erfasst. Du willst bestimmt nicht, dass jeder deine Telefonnummer herausfindet, nur weil du sie auf ein Stück Papier geschrieben hast, welches dann im Sichtbereich der Kamera herumliegt. Das Gleiche gilt für alle anderen persönlichen Informationen, die nicht jeder wissen sollte.

Ist der Dreh oder wenigstens die Aufnahme beendet, stell immer sicher, dass du die Kamera auch wirklich ausgeschaltet hast. Das spart erstens den Akku, sodass man mehr Szenen damit aufnehmen kann, und es leitet den Speichervorgang ein.

Videos, vor allem die mit einer hohen Qualität, verbrauchen eine Menge Speicherplatz. Darum solltest du nach einem Dreh die Videos sofort auf einen Computer bzw. eine externe Festplatte übertragen. Was du von vornherein schon als nicht gut abgeschrieben hast, solltest du gleich löschen. Alles andere kannst du schneiden und die Szenen, die rausfliegen und sich nicht anderweitig verwenden lassen, sollten ebenfalls gelöscht werden.

Hast du den Dreh mit deinem Handy oder einer Kamera durchgeführt, empfiehlt es sich dringend, für das Übertragen ein Kabel zu benutzen. Besonders bei Handys kann es sehr lange dauern und teuer werden, wann man die gesamten Filme über das Internet auf den Computer lädt oder dafür Bluetooth verwendet. Kameras verfügen normalerweise über Speicherkarten. Es ist auch möglich, diese aus der Kamera zu nehmen und über einen Kartenleser die Daten direkt auf den Computer zu übertragen.

Das Einstellen des Videos

Mit dem Dreh ist es aber noch nicht getan. Man möchte eventuell die Videos noch bearbeiten, Musik hinzufügen und natürlich auch veröffentlichen. Dazu geht man am besten in drei Schritten vor. Als Erstes lädt man die Videos hoch, dann bearbeitet man sie mit den Editoren von YouTube und am Ende macht man sie der Allgemeinheit zugänglich.

Im ersten Schritt, dem Hochladen, musst du entweder erst ein Benutzerkonto bei YouTube erstellen oder, sofern du schon eines hast, dich mit diesem Konto anmelden. In dem Konto gibt es auf der rechten oberen Seite einen Button zum Hochladen der Videos. Diesen Button wählst du aus und stellst die Auswahl auf „Privat". Damit kann noch niemand auf deine Videos zugreifen, bevor du mit der Bearbeitung fertig bist.

In dem sich öffnenden Menü wählst du die Videos aus, die du einstellen bzw. bearbeiten möchtest, und dann klickst du auf „Öffnen". Die einzelnen Videos, die du zuvor markiert hast, werden jetzt hochgeladen.

Bei YouTube gibt es einen kleinen Unterschied für kurze Videos und Videos mit einer Länge von mehr als 15 Minuten. Um Letztere hochzuladen, muss man zuerst das Limit für Videolängen erhöhen. Das ist aber nur für den Upload. Wer ein Video direkt streamt, hat bereits den längeren Upload standardmäßig aktiviert.

Die Videolänge erhöht man ganz einfach, indem man sein Konto bestätigt. Dafür klickt man auf der Seite zum Hochladen der Videos einfach auf den Punkt „Erhöhe dein Limit". Als Nächstes startet der Prozess der Verifizierung. Dafür brauchst du unter anderem auch noch eine Telefonnummer und einen Bestätigungscode. Diesen kannst du als SMS oder als Sprachanruf erhalten. Sobald dein Konto mit dem Code bestätigt wurde, ist ein Upload von mehr als 15 Minuten möglich.

Manche Browser bzw. ältere Versionen der Browser unterstützen keinen Upload von mehr als 20 GB. Solltest du hier ein Problem bekommen, kannst du entweder erst ein Update für deinen Browser versuchen oder direkt in einen anderen Browser wechseln.

YouTube hat auch ein eigenes, absolutes Limit. Dieses liegt bei 128 GB oder bei 12 Stunden, je nachdem, was zutrifft. Diese Grenzwerte bestanden jedoch nicht von Anfang an, sodass es durchaus möglich ist, noch ein altes Video mit mehr als 12 Stunden Dauer zu finden.

YouTube bietet einen eigenen Video-Editor an. Man kann diesen entweder direkt mit dem Video oder dem Upload starten. Für den Upload geht man in das Menü für das Hochladen der Videos und benutzt dort das Symbol mit der Schere auf der rechten, unteren Seite. Dieses öffnet ein Einstellungsfenster für die Videos, welche man hochladen möchte. Damit kann man die Helligkeit, den Kontrast oder andere Effekte festlegen bzw. mehrere Videoschnipsel zu einem Video zusammenfügen.

Der andere Weg, den Video-Editor zu starten, geht über das Video selbst. Dazu wählt man einfach das gewünschte Video aus und klickt auf die eingeblendete Schere. Dann kann man mit einem Regler innerhalb des Menüs die Positionen für die Schnitte auswählen. Es lassen sich so auch Übergänge an den Schnittpunkten erstellen.

Gerade bei Erklär-Videos oder bei Video-Blogs ist es wichtig, dass man das Ganze nicht zu trocken hält. Darum fügt man am besten etwas gute Musik hinzu. Die Musik kann mit dem Video als dessen Bestandteil oder als ein extra Track hochgeladen bzw. aus der Mediathek von YouTube hinzugefügt werden.

Bei der Musik muss man aber auf Urheberrechte achten. Wer einen eigenen Sound mitliefert oder die Musik von jemand anderem verwendet, muss einen Nachweis über die Inhaberschaft des Urheberrechtes oder über die Erlaubnis, diesen Song verwenden zu können, verfügen und diesen Nachweis gegenüber YouTube erbringen. Im Zweifelsfall ist es daher besser, einen der frei verfügbaren Songs von YouTube zu verwenden.

Ist das Video hochgeladen und alles zur Zufriedenheit bearbeitet, dann ist es an der Zeit, das Video zu veröffentlichen. Dazu geht man auf das Video und ändert seine vorherige Auswahl von „Privat" auf „Öffentlich". Als Nächstes erlaubt man noch den Nutzern, das Video zu teilen, damit diese es verbreiten können und dann ist es im Internet für jeden sichtbar vorhanden.

Die Extras

Das Video allein ist auf YouTube aber noch längst nicht alles. Ein gutes Video braucht auch noch eine Beschreibung und Kommentare bzw. eine Community. Damit können zusätzliche Informationen geliefert werden. Das Finden des Videos wird erleichtert. Man kann die Zuschauer auf den Inhalt des Videos einstimmen und, wenn es sich um eine Videoserie handelt, kann man Hinweise auf die anderen Folgen geben, damit die Zuschauer sich auch die vorherigen Teile anschauen und sehnsüchtig auf die nächsten Episoden warten.

YouTube ist auch eine Suchmaschine. Eine Beschreibung ermöglicht es, Keywords einzufügen, die in der Suchmaschine helfen, das Video einer Suchanfrage zuzuordnen. Weiterhin erlaubt es eine Beschreibung für den Nutzer, zu erkennen, ob das Video wirklich für ihn interessant ist. Damit erhält man also mehr Nutzer, die das Video am Ende auch wirklich anklicken.

Die Beschreibung ist aber nur dann in der Lage, einen Nutzer zu einem Klick zu bewegen, wenn sie ihm überhaupt erst gezeigt wird. Daher ist es wichtig, Keywords zu finden, die das Video passend beschreiben und die ein Nutzer am wahrscheinlichsten verwendet. Weiterhin sollten irrelevante Wörter vermieden werden, damit das Video niemandem gezeigt wird, der an dem Inhalt keinerlei Interesse hat.

Keywords sind in einer Beschreibung wichtig, doch sie sind nur der erste Schritt. Aufgrund der Keywords wird das Video dem Nutzer vorgeschlagen. Es ist aber die Beschreibung, die dem Nutzer das Anschauen des Videos nahebringt. Daher sollte man sie so aussagekräftig wie möglich machen. Es sollte also nicht einfach nur eine Aneinanderreihung von Keywords sein.

Eine Beschreibung sollte dem Nutzer vor allem etwas über den Inhalt des Videos vermitteln. Dabei besteht sie aus zwei Bereichen, dem Bereich vor dem „Mehr anzeigen" und dem Bereich dahinter. Der Bereich vor dem „Mehr anzeigen" ist die Beschreibung, die immer angezeigt wird. Den Bereich dahinter sieht der Nutzer nur, wenn er auf „Mehr anzeigen" klickt. Daraus folgt, dass dem ersten der beiden Bereiche, also dem vor dem „Mehr anzeigen", eine größere Bedeutung zukommt. Dies ist der sogenannte Hook, der die Aufmerksamkeit des Nutzers auf sich zieht und sie dortbehält.

Eine Beschreibung der Videos kann auf zwei Wegen erfolgen. Einmal kann es sich um eine individuelle Beschreibung für jedes hoch geladene Video handeln. Alternativ kann man als Inhaber eines Channels auch eine Standardbeschreibung eingeben, die dann für jedes Video in diesem Kanal automatisch angezeigt wird. Es empfiehlt sich, jedem Video eine individuelle Beschreibung zu geben. Damit kann es leichter gefunden werden und hebt sich von den anderen Videos ab. Somit wird auch bei mehreren Videos in einem Channel immer das Video angezeigt, dass das Relevanteste für eine Suchanfrage ist.

Die ersten zwei Textzeilen sind die Zeilen vor dem „Mehr anzeigen" und sollten auf jeden Fall erklären, welchen Inhalt das Video hat. Hier sollte vor allem auf eine normale Sprache geachtet werden und auf eine wirklich informative Beschreibung.

Die Informationen hinter dem „Mehr anzeigen" sollten sich eher auf deinen Channel beziehen und hier können noch Links zu den sozialen Netzwerken angebracht werden. Das gesamte Feld für die Beschreibung hat Platz für 5000 Zeichen. Nicht nur ist das ein begrenzter Platz, die Nutzer mögen es auch nicht, allzu lange Beschreibungen durchzulesen. Daher sollte man sich hier kurzfassen.

Eine Beschreibung kann auch Angaben zu dem Team bzw. den Schauspielern enthalten. Hier ist es auch gut, wenn man Links zu den Seiten der Schauspieler in den sozialen Netzwerken einbaut. Hat man mit einem anderen YouTuber zusammengearbeitet, dann kann man das hier erwähnen und auch den Kanal des Partners hier verlinken.

Ist das Video etwas länger, dann kann man in der Beschreibung mit Zeitangaben arbeiten, damit den Zuschauern das Finden der entsprechenden Stellen in dem Video erleichtert wird.

Ist die Beschreibung erstellt, dann sollte man sich auf jeden Fall die Vorschau anzeigen lassen. Damit kann man überprüfen, wie ein Nutzer die Beschreibung sehen wird. Das sollte man auf verschiedenen Geräten wie Computer, Tablet und Smartphone wiederholen, um sicherzugehen, das die Darstellung auf jedem Gerät ansprechend ist.

Willst du wie ein Profi arbeiten? Dann verbinde deinen YouTube-Account mit Google Analytics. Dort kannst du dann verfolgen, welche Aktionen, welche Videos und welche Beschreibungen welchen Erfolg haben. Dafür kannst du dir die Widgets in Google Analytics deinem Geschmack entsprechend auswählen und die Reports zu deiner E-Mail-Adresse schicken lassen.

Hashtags lassen sich in einer Beschreibung ebenfalls anbringen. Dann kann ein Nutzer sofort über das Hashtag das Video finden. Die Hashtags können neben der Beschreibung auch im Titel des Videos verwendet werden.

Beim Einsatz von Hashtags sollte man jedoch ein paar Dinge beachten. Als Erstes sollten die Hashtags im Bereich vor dem „Mehr anzeigen" auftauchen, damit ein Nutzer sie sofort sehen kann. Die verwendeten Hashtags müssen zum Video passen. Ihre Anzahl sollte sich in Grenzen halten. Hat ein Video mehr als 15 Hashtags in seiner Beschreibung, dann ignoriert YouTube diese vollständig. Die Hashtags sind nur für aktuelle Themen geeignet.

Wer mit seinem Channel Geld verdienen möchte, sollte auf Beschreibungen achten, die werbefreundlich sind. Dafür sollte sowohl der Inhalt des Videos als auch die Beschreibung auf eine Zielgruppe ausgerichtet sein, die für die Werbeindustrie interessant ist.

Die Werbeindustrie will verkaufen. Neben einer Ausrichtung auf eine Zielgruppe bedeutet dies auch, dass die Zielgruppe groß genug sein muss, um für die Werbeindustrie interessant zu sein. Weiterhin sollte sie über genug finanzielle Mittel verfügen und handlungsfähig sein.

Die Werbeindustrie unterstützt normalerweise keine sexuellen oder kontroversen Themen, da sie dabei befürchten muss, Kunden zu verlieren. Aus dem gleichen Grund sollte man auch auf ironische oder in anderer Hinsicht anstößige Texte und Kontexte verzichten.

Ist die Beschreibung fertig, dann wird es Zeit, über die Kommentare nachzudenken. Solange das Video auf „Privat" gesetzt ist, kann es nicht kommentiert werden. Sobald man es aber veröffentlicht, kann man über eine Option Kommentare zulassen, so man das möchte. Entscheidet man sich jedoch dafür, Kommentare zuzulassen, dann ist es wichtig, diese zu moderieren bzw. zu überprüfen.

Sobald ein Nutzer einen Kommentar zu deinem Video schreibt, erhältst du eine Benachrichtigung. Neben dem Kommentar befindet sich das Menüsymbol, drei senkrecht angeordnete Punkte. Über dieses Menü kannst du Kommentare entfernen, sie melden oder sie einfach ausblenden.

Klickst du auf „Entfernen", dann verschwindet der Kommentar nebst seinen Antworten aus der Liste. Ist ein Kommentar ein Spam, zum Beispiel für eine Verkaufsanzeige oder ein Jobangebot, dann kannst du ihn mit dem Button „Spam oder Missbrauch melden" melden. Klickst du auf „Nutzer auf Kanal ausblenden", dann blockierst du einen kompletten Nutzer. Dieser kann dann auf deinem Kanal keine weiteren Kommentare posten. Solltest du deine Meinung später ändern, kannst du die Blockierung in den Community-Einstellungen wieder rückgängig machen.

Wenn du die Kommentare erst einmal prüfen willst, bevor sie gepostet werden, kannst du dies auch einstellen. Geh einfach auf „Erweiterte Einstellungen" im Bearbeitungsmenü für das entsprechende Video. Unter „Kommentare zulassen" klickst du auf „Genehmigen". Jetzt kann ein Kommentar nur noch gepostet werden, wenn du ihn zuvor genehmigt hast.

Was zieht

Nun hast du dein Video erstellt und willst damit deinen Kanal nach vorn bringen. Aber halt, da gibt es ein Problem. Du hast keine Abonnenten. Wie kommt man an Abonnenten und Zuschauer für den eigenen Channel und die Videos des Channels? Dies ist nicht nur eine Frage für neue YouTuber, auch alteingesessene Channels haben mitunter Schwierigkeiten, die Zahl der Abonnenten und damit auch der Viewer zu erhöhen.

Gerade als Anfänger hat man es schwer, sich auf YouTube zu etablieren. Die Nutzer, also die Viewer, bekommen zwar Vorschläge von YouTube und Treffer für ihre Suchanfragen, doch die beinhalten eben mehr oder weniger nur die alteingesessenen Kanäle? Warum? Weil die sich bewährt haben und der YouTube-Algorithmus so funktioniert. Auf den Algorithmus gehen wir aber noch einmal später in einem gesonderten Kapitel ein.

Als Anfänger ist es also schwer, die ersten Klicks, sei es als Viewer oder als Abonnent, zu bekommen. Da man damit sehr klein ist, wird man auch nicht von YouTube gepusht. Man fängt also in einem Loch an und muss sich von dort aus hocharbeiten.

Der erste Tipp für Anfänger ist einfach: Gib nicht auf! Gut, das klingt nun nicht besonders hilfreich, doch es ist eine Tatsache, dass, wenn man immer weitermacht, man langsam Abonnenten und Viewer sammelt. Damit steigt man in der Wichtigkeit für die Plattform und bekommt immer mehr Abonnenten und Viewer. Daraus entwickelt sich ein Kreislauf und man wächst nicht einfach nur, sondern man fängt langsam an und wächst dann immer schneller und schneller. Das Tempo entsteht also mit der Masse und diese muss man eben langsam und mit Ausdauer erst einmal aufbauen.

Die Videos in einem Channel sollten sich auf eine Nische, auf ein Thema konzentrieren. Hierbei ist es sehr von Vorteil, wenn die aktuellen Videos genau dem aktuellen Trend folgen. Am Besten zeigt man oder bespricht man oder richtet man sich an Ereignissen, die gerade in den großen Medien thematisiert werden. Da sie hochaktuell sind, ist eine Suche nach diesem Thema nicht nur einfach wahrscheinlicher, es wird auch noch nicht so viele Videos dazu geben. Das führt zu kurzen Trefferlisten, auf die sich das eigene Video auch weit vorn befindet.

Für die aktuellen Trends gibt es sogar ein Tool, das Google Trends. Damit kann man herausfinden, was gerade aktuell in der Diskussion ist und sofort dafür ein Video machen. Google Trends zeigt an, welche Suchen gerade besonders oft in Google durchgeführt werden. Jetzt muss man nur noch schnell ein Video dazu machen und schon ist man im Trend und bekommt Klicks.

Eine weitere Möglichkeit ist es, wenn man selbst bekannter wird. Dazu bietet es sich an, Kommentare zu anderen Videos zu schreiben. Sehr oft lesen die Viewer eines Videos auch die Kommentare dazu. Schreibst du nun gute und informative Kommentare zu diesen Videos, dann werden die Leute auf dich aufmerksam. Das hilft natürlich überwiegend dort, wo die Videos dem Themenbereich des eigenen Channels entsprechen.

Youtube

Neben Kommentaren direkt auf YouTube kann man sich auch über YouTube hinaus bekannt machen. Dazu geht man in Blogs und Foren und postet dort gute Beiträge. Je mehr Informationen man zu dem Thema beitragen kann, desto wahrscheinlicher wird man damit die Aufmerksamkeit auf sich ziehen. Das führt dann im weiteren Verlauf oft genug dazu, dass die Leute die in die Kommentare eingebetteten Links anklicken, und schon hat man wieder Viewer.

Neben einfachen Kommentaren sollte man auch auf Fragen der anderen Nutzer eingehen und qualifizierte Antworten geben. Es reicht aber nicht, zu schreiben, dass man selbst ein Video dazu gemacht hat. Man beantwortet einfach die Frage oder schreibt seinen Kommentar und verweist auf das Video für mehr Informationen.

Hier kommt auch eine Lücke in den meisten Foren sehr vorteilhaft zum Tragen. Die meisten Foren erlauben nämlich nicht das Einstellen von externen Links. Das ist auch verständlich, denn diese Links werben die Forennutzer ab oder bringen nur andere Werbung in das Forum. Links für YouTube sind jedoch eine andere Angelegenheit. Da man die meisten Dinge einfacher in einem Video erklären kann, ist es im Allgemeinen erlaubt, YouTube-Links in die Foren einzustellen.

Wer die Taktik mit Kommentaren und Beiträgen anwendet, sollte aber zurückhaltend sein. Jeder hasst Spammer. Anstatt also ständig die eigenen Links zu posten, kommt es eben darauf an, qualitativ hochwertige Beiträge einzustellen, die auf die Videos als Quelle für weitergehende Informationen verweisen. Man baut sich selbst sozusagen als Experten auf und dann ist es auch für die Leute interessant, die eigenen Links anzuklicken. Wer Wissen zeigt, der sorgt für Vertrauen. Das bringt am Ende nicht nur Klicks auf die Videos, sondern das schafft auch Abonnenten.

Ein weiteres Mittel ist die Kooperation mit anderen Kanälen, insbesondere mit solchen, die schon eine Menge Abonnenten haben. Das ist aber auch am Anfang nicht leicht, denn die großen Kanäle wissen, dass sie dem Neuen mehr helfen, als dass sie von ihm neue Abonnenten bekommen. Daher ist es wichtig, dem größeren Kanal nicht einfach nur eine Partnerschaft vorzuschlagen. Die wird dann mit 99-prozentiger Wahrscheinlichkeit abgelehnt. Es kommt darauf an, dass man dem größeren Kanal etwas bietet.

Dieses Etwas muss man auch klar beschreiben, damit man damit den großen Kanal auch überzeugt. Das können zum Beispiel bestimmte Fertigkeiten, ein bestimmtes Wissen oder andere Dinge sein. Es muss sich einfach für den großen Kanal auch lohnen, das eigene Angebot anzunehmen. Die Hilfe für den anderen könnte auch einfach nur darin bestehen, dass man alle Arbeiten und Vorbereitungen für das Video übernimmt und der Andere nur erscheinen muss. Manchmal braucht man den Anderen auch nur zu einem Interview einzuladen. Der Andere kann dann das Interview auch in seinem Kanal teilen. Die Überzeugungsarbeit wird erleichtert, wenn man selbst schon ein paar Videos eingestellt hat, in welchen man sein eigenes Können bzw. Wissen schon unter Beweis gestellt hat.

Ein weiterer Weg, gesehen und angeklickt zu werden, ist, über die normalen Suchanfragen gefunden zu werden. YouTube hat eine Auto-Suggest-Funktion. Wenn man anfängt, eine Suchanfrage einzugeben, dann schlägt YouTube bereits eine Vervollständigung dieser

Anfrage vor. Dieser Vorschlag kommt einfach daher, weil so viele andere Nutzer eine solche Suchanfrage bereits gestellt haben. Wenn man nun also über die Auto-Suggest-Funktion den üblichen Suchanfragen folgt, dann kann man bald herausfinden, zu welchen Anfragen noch keine Videos gemacht wurden.

Also erstellt man einfach sein eigenes Video dazu und schon wird man gefunden. Da zu diesem Thema dann noch keine oder noch nicht so viele Videos existieren, wird man in der Suchanfrage mit seinem eigenen Video ganz vorn erscheinen und die Klicks bekommen. Das Video sollte dann Antworten zu den Problemen bieten und zeigen, dass man sich damit auskennt. So erhält man nicht nur Viewer, sondern aus diesen Viewern werden auch wieder neue Abonnenten.

Weiterhin ist es wichtig, mehr von den Dingen zu machen, die funktionieren. Ja, du möchtest dich von der Masse abheben, ja, du möchtest anders sein und das Ganze anders angehen. Gut, wenn du darauf bestehst, viel Spaß damit. Wenn du jedoch erfolgreich sein willst, dann musst du dich an die Dinge halten, die bereits Erfolge gebracht haben. Den Erfolg haben die nämlich nicht aus Zufall gebracht. Man muss also den Erfolg kopieren, um den nächsten Erfolg zu erhalten. Dafür ist auch wichtig, dass man sich mit den Sachen beschäftigt, mit denen man Erfolg hatte. Das können die Themen sein, die man gebracht hat, das können die sozialen Netzwerke sein, die man für das Bekanntmachen des eigenen Kanals benutzt hat. Was auch immer es ist, man muss herausfinden, was sich bewährt hat und was nicht so gut funktioniert. Das Bewährte setzt man dann fort und verstärkt es noch, das Andere lässt man einfach bleiben.

Nun gibt es noch eine Möglichkeit, seinem Channel einen wahren Boost zu verpassen. Wer diese Möglichkeit nutzen möchte, sollte sich jedoch bewusst sein, dass man damit auch einigen Schaden anrichten kann, und damit ist vor allem Schaden für den eigenen Channel gemeint. Daher sollte man bei der Anwendung dieser Möglichkeit sehr überlegt und vorsichtig vorgehen. Die Rede ist vom Clickbaiting. Bevor du jetzt erschrocken zurückspringst, lass dir gesagt sein, dass das Clickbaiting auch positiv verwendbar ist. Um dies zu verstehen, erklären wie hier erst einmal, was Clickbaiting überhaupt ist, wie es bzw. warum es funktioniert, wie man es richtig und im positiven Sinne anwenden kann und warum es gefährlich ist.

Clickbaiting ist im Grunde genommen die Verwendung eines reißerischen Titels, der große Erwartungen weckt, die dann aber am Ende nicht erfüllt werden. Das ist jedoch eine eher unvollständige Beschreibung. Clickbaiting ist nämlich gar nicht einmal so neu. Die Nachrichten, die Werbung und die Zeitungen haben seit ihrer Existenz das Prinzip des Clickbaitings angewendet. Sie machen große Versprechungen, schnappen sich die Aufmerksamkeit des Publikums und liefern dann das eigentliche Material.

Viele Menschen sehen im Clickbaiting etwas Schlechtes. Das ist absolut verständlich, weil das Clickbaiting normalerweise irreführend ist. Es werden Versprechungen gemacht, aber nicht gehalten. Da wird bombastisch von den schnellsten Autos, besten Flugzeugen oder den besten Kameras gesprochen, doch dann gibt es nur ein langweiliges Einerlei. Was aber unverständlich erscheint, ist, warum Clickbaiting funktioniert.

Youtube

Das Clickbaiting funktioniert vor allem aus drei Gründen. Als Erstes ist der Mensch schon dann zufrieden, wenn er auch nur manchmal eine Belohnung erhält. Wir sind dank der Werbung und den Medien wahrhaft permanent von Clickbaiting umgeben. Wir lehnen es ab. Wir hassen es. Weil wir aber dennoch zumindest manchmal damit Erfolg haben, und tatsächlich hin und wieder das geliefert wird, was versprochen wurde, fallen wir immer wieder darauf herein. Wir hoffen einfach jedes Mal aufs Neue, dass auch dieses Mal wieder eine nützliche Information dabei herumkommt.

Zweitens löst das Clickbaiting mit seinen reißerischen Titeln und seinen Zahlen, wie zum Beispiel die 10 teuersten Handtaschen, eine emotionale Reaktion beim Publikum aus. Es sind aber gerade die Emotionen, nicht das logische Abwägen, die unsere Handlungen bestimmen. Sind die Emotionen erst einmal angesprochen und aktiviert, dann wollen wir es einfach versuchen und wir klicken dann auf die Klickfalle.

Der dritte Grund ist die Informationslücke. Wenn wir schon Informationen zu einem Thema haben, es aber eine Lücke gibt, dann wollen wir diese Lücke ganz einfach füllen. Hier ist die Verlockung durch die Videos mit ihren Titeln einfach zu groß. Das Beispiel mit den 10 teuersten Handtaschen illustriert dies am einfachsten. Wir wissen, was eine Handtasche ist. Wir wissen auch, was eine teure Handtasche ist. Die kleine Lücke jedoch, welche Handtaschen die Teuersten sind, treibt uns dazu, dieses Video anzuklicken.

Clickbaiting muss aber nicht immer negativ sein. Wie die Zeitungen zeigen, sind wir durchaus daran gewöhnt und lehnen es nicht immer ab. Was aber macht den Unterschied zwischen YouTube, wo es nervt, und der Zeitung, wo es normal und akzeptiert und völlig okay ist? Der Unterschied ist der Inhalt.

Auf YouTube steckt hinter dem Clickbaiting oft genug ein enttäuschender Inhalt. In der Zeitung findet man jedoch einen gut recherchierten Artikel. Der Unterschied ist also, dass das Clickbaiting auf YouTube die geschürten Erwartungen nicht befriedigt, der Zeitungsartikel das aber schon tut.

Für den YouTuber bedeutet dies, dass man das Clickbaiting durchaus verwenden kann. Man sollte es nur im positiven Sinne tun. Sobald man also mit einem reißerischen Titel arbeitet, muss der Inhalt des Videos einfach das liefern, was der Titel verspricht.

Warum ist Clickbaiting für deinen Channel vielleicht sogar schädlich? Wenn du Clickbaiting im negativen Sinne benutzt, also einen hochwertigen Inhalt versprichst, dann aber nicht lieferst, wirst du eine Menge Missstimmung säen. Deine Abonnenten werden sich eventuell enttäuscht abwenden und man wird in den sozialen Netzwerken über die neuen Clickbaitings schimpfen. Verwende das Clickbaiting für deinen Erfolg also nur dann, wenn du auch tatsächlich die geschürte Neugier bei deinen Zuschauern auch mit hochwertigen Inhalten befriedigen kannst.

Erfolgreiche Channels

Will man erfolgreich mit seinen YouTube-Videos sein, dann sollte man sich auch einmal anschauen, was anderen YouTubern den Erfolg gebracht hat. Dabei ist es interessant zu sehen, dass die international erfolgreichsten Channels nicht unbedingt englischsprachig sind.

Ein erfolgreicher Kanal in Deutschland ist 61 Minuten Sex. Dabei geht es, wie man bei dem Namen schon vermutet, um das Thema Sex, doch nicht in seiner Kommerzialisierung oder gar als Pornografie. Es geht um Aufklärung. In jeder Folge wird etwas beschrieben, was man schon immer über Sex wissen wollte. Da geht es darum, was er beim Sex möchte, was sie will und diverse Techniken. Übrigens, auch wenn der Name 61 Minuten Sex lautet, geht es bei den 61 Minuten nicht um die Länge der Videos.

Top Zehn ist ein Kanal, der sich den verschiedensten Top 10s widmet. Es geht nicht um ein bestimmtes Thema, sondern immer nur um die Top 10. Das können dann die 10 bizarrsten psychischen Störungen sein oder 10 Wege, wie die Simpsons die Welt veränderten.

Der Megakittychannel zeigt alles rund um die Katze. Das können Katzentricks, normales Katzenverhalten oder Partys für das Kätzchen sein. In diesem Channel ist einfach alles für die Katz.

Epic Meal Time zeigt Videos über die amerikanischen Essgewohnheiten. Bei diesen geht es um immer mehr und immer fetter. Demzufolge geht es um Burger und anderes Fast Food, aber auch die süßen Leckerbissen kommen dort nicht zu kurz.

100 Sekunden Physik erklärt in kurzen Filmchen bestimmte physikalische Themen, wie zum Beispiel den Dopplereffekt, oder auch was möglich oder unmöglich ist. So geht es auch um Reisen ins Weltall und Antimaterie.

Whinderssonnues ist ein schwer auszusprechender Kanal, doch hinter diesem ungewöhnlichen Namen versteckt sich nur Whindersson Nunes Batista, ein Brasilianer, der einen Video-Blog betreibt. Er sitzt meist mit nacktem Oberkörper, welcher reich mit Tattoos verziert ist, vor der Kamera und spricht über Themen, die ihn interessieren. Dies reicht von Parodien bis hin zu Filmkritiken. Das scheint alles recht einfach zu sein, doch es brachte ihm weltweit mehr als 27 Millionen Abonnenten. Dabei spricht er noch nicht einmal Englisch, sondern in seiner Heimatsprache, Portugiesisch.

YouTube Spotlight ist ein Kanal, der direkt von YouTube betrieben wird. Dieser Kanal beschäftigt sich mit den täglichen Trends. Das schließt alle Kategorien mit ein und handelt dabei über Kunst, Musik, Internetphänomene und auch Probleme des täglichen Lebens. Hier ist man richtig, wenn man sich für all das interessiert, was gerade aktuell und interessant ist.

Der Kanal elrubiusOMG ist ein spanischer Kanal und auch hier entspringt der abgefahrene Name dem Namen des Kanalinhabers, Rubén Doblas Gundersen. Auch Gundersen schafft es, ohne Englisch zu sprechen, mehr als 27 Millionen Abonnenten zu unterhalten. Er stellt pro Monat 10 Videos ein, die sich überwiegend mit Comedy beschäftigen. Dazu gibt es aber auch Video-Blogs und Inhalte über Games. Gundersen schafft es vor allem mit seinem Witz und mit seinen Hilfen bei verschiedenen Fragen in das Herz der Fangemeinde.

Hinter dem Namen HolaSoyGerman verbirgt sich kein deutscher Channel, auch wenn man dies vermuten könnte, so man Spanisch versteht. Es geht vielmehr um Germán Alejandro Garmendia Aranis, der in Chile lebt und diesen Kanal 2011 gegründet hat. Er hat es geschafft, mehr als 33 Millionen Abonnenten für seinen Channel zu bekommen, auch wenn er nur Spanisch spricht. Er gibt Tipps für Alltagsprobleme und verpackt diese in jede Menge Humor. Dabei geht es um Themen wie das Finden von Arbeit, das erste Mal im Bett oder wie man Freunde findet. Seine Videos dauern um die 6 Minuten und er spricht dabei immer sehr schnell. Man hat also eine hohe Informationsdichte anstatt großer Langeweile.

Hier kann man sehen, dass es sowohl Vloggern als auch exotischeren Themen gelingt, in die Welt der erfolgreichsten Channels aufzusteigen. Eine gute Idee, ein gutes Thema, zu dem man etwas beizutragen hat und eine gute Gestaltung machen den Unterschied zwischen Erfolg und Misserfolg.

Wie du ein Star werden kannst

Ein YouTube-Star zu sein, ist ein großes Ziel vieler YouTuber und bringt viele Vorteile. Als Erstes ist man als Star bekannt und wird dementsprechend viel angeklickt und bekommt auch noch jede Menge Abonnenten. Was aber noch viel wichtiger ist, als Star wird man zu einem sogenannten Influencer. Man kann also mit seiner Meinung, seinem Verhalten und seinen Empfehlungen das Verhalten seiner Fans beeinflussen. Das wiederum macht einen solchen Star für die Werbeindustrie besonders interessant und bringt auch die Möglichkeit, gut zu verdienen. Einige Influencer verdienen mit ihrer Arbeit mehr als eine Million Euro im Jahr.

Um ein Star zu werden bzw. um ein Influencer zu werden, muss man in etwa über die gleichen Fähigkeiten verfügen, die man braucht, um Freunde zu finden. Man muss nämlich akzeptiert werden. Die durchschnittlichen Nutzer auf YouTube sind durchschnittliche Leute, und sie müssen dich einfach mögen. Für den angehenden YouTube-Star bedeutet das, er muss ein durchschnittlicher Mensch sein. Niemand mag abgehobene Typen, die überheblich daher stolzieren und nicht nur denken, sie wären was Besseres, sondern dies auch noch offen zeigen. Die erste Regel auf dem Weg zum YouTube-Star ist einfach die: Sei authentisch!

Nun sitzt man da und fragt sich, wie bin ich authentisch? Ja, das ist schwer zu beantworten, außer mit dem hier: Sei natürlich, und sei du selbst. Das bedeutet, dass du Versprecher locker übergehst, dass du kleine Fehler zulässt und einfach cool oder als Kumpel rüberkommst. Die meisten Stars und insbesondere Vlogger kommen einfach nur deswegen an, weil sie Menschen wie du und ich sind. Als solche verfügen sie noch über ein etwas weiteres Wissen oder einen etwas größeren Erfahrungsschatz und schon werden sie als hilfreich, nett und eben auch als authentisch akzeptiert.

Ein wichtiges Element auf YouTube, im Gegensatz zum klassischen Film, ist die vermeintliche Nähe zwischen dem YouTuber und seinen Viewern. Diese Nähe ergibt sich daraus, dass man bei den klassischen Stars einfach nie eine Chance bekommt, mit ihnen zu kommunizieren. Mit dem YouTuber dagegen kann man sich austauschen. Man kann Kommentare schreiben und Bewertungen abgeben. Für den YouTuber ist es wichtig, dies den Zuschauern nicht einfach nur zu gestatten, sondern sich auch noch daran zu beteiligen. Natürlich kann man die Kommentare auch komplett blockieren, doch dann erscheint man schnell als arrogant und abgehoben. Man lässt die Kommentare also zu, und dann reagiert man darauf. Für nette Kommentare schreibt man ein Dankeschön. Auf Fragen gibt man eine fundierte Antwort und auf Anfragen nach Videos über bestimmte Themen antwortet man, indem man diese Videos auch mal produziert. Daraus ergibt sich eine Community, die man an sich bindet und mit denen man gemeinsam wächst.

Ein Star zu sein ist eine persönliche Ausrichtung. Diese sollte man auch fördern. So sollte man eine Seite über sich auf Facebook, Instagram und anderen gängigen sozialen Netzwerken haben. Auf diesen Seiten verlinkt man seine Videos und man gibt einige Hintergrundinformationen über sich preis. Dies kann man auch in den Videobeschreibungen tun. Auf diese Weise wirkt man für seine Fangemeinde näher. Sie hat das Gefühl, einen zu kennen und zu mögen. Auch dies bringt wieder die entsprechende Bindung an die Community. Als netten Nebeneffekt erhöht man so auch gleich noch die Klickraten auf die eigenen Videos und bekommt sicher auch noch den einen oder anderen Abonnenten.

Ist man gerade beim Dreh und etwas Unvorhergesehenes geschieht oder man hat einen tollen Einfall, dann sollte man spontan sein, und das Ereignis in das Video einbauen bzw. der Idee folgen. So wirkt man wie der lockere Kumpel von nebenan. Die Zuschauer lieben es, zu sehen, dass auch die Stars einfach nur natürliche Menschen sind. Dazu gehört eben auch das unvorhergesehene Ereignis oder eine spontane neue Idee. Außerdem ist man dann kein Langweiler, der nur nach Plan vorgehen kann.

Es schadet nicht, von anderen zu lernen. Es ist okay, wenn man sich etwas von den erfolgreichen Stars abguckt. Daher sollte man nie aufhören, zu lernen, wie andere es geschafft haben, ein Star zu werden. Auch das bringt einen selbst menschlich näher an die eigene Fangemeinde heran.

Geld verdienen

Viele YouTuber versuchen sich auf der Plattform, um damit am Ende Geld zu verdienen. Das Prinzip ist einfach. Man produziert einige Videos, bekommt einen erfolgreichen Kanal und verkauft dann Werbeplätze. Sobald jemand diese Werbeplätze bucht und dafür bezahlt, bekommt der YouTuber einen Anteil davon auf sein Konto. Wie hoch der Anteil ist, wird dabei nicht genau angegeben, doch es soll sich um mehr als die Hälfte der Werbeeinnahmen drehen, und die genaue Höhe auch davon abhängen, wie viele Klicks ein Video bzw. ein Kanal bekommt, und wie lange sich die Viewer ein Video ansehen bzw. wie viele Abonnenten ein Kanal hat.

Einige YouTuber haben es geschafft, sie leben von ihren Einnahmen und sie leben mitunter sehr gut davon. Dafür braucht man noch nicht einmal unbedingt eine Abonnentenzahl von mehreren Millionen. Schon einige Abonnenten reichen aus. Es ist aber ein wenig komplizierter, wenn man wirklich Erfolg haben will.

Nicht jedes Video kann automatisch mit Werbung beglückt werden. Will man Geld mit seiner Arbeit auf YouTube verdienen, dann muss man dies YouTube mitteilen. Dies geht über AdSense. Dort muss man ein Konto eingeben und dieses aktivieren. Dann kann man über die Funktion „Monetarisierung" in YouTube damit anfangen, wirklich Geld zu verdienen. Das ist aber nur der erste Schritt. Es fehlt noch eine Zutat.

Das Geld, welches man auf YouTube verdient, kommt nicht von YouTube, sondern von den Werbekunden. Damit man mit seinen Videos Geld verdienen kann, müssen diese sich dazu entscheiden, auf dem eigenen Video ihre Werbung zu platzieren. Man sollte also von Anfang an, so man Geld auf YouTube verdienen will, berücksichtigen, dass der eigene Kanal und die eigenen Videos für diese Werbekunden interessant sein müssen. YouTube beginnt dann, einen an den Einnahmen teilhaben zu lassen, wenn diese 70 Euro pro Monat übersteigen.

Nun haben wir schon erklärt, dass einige Leute mit YouTube durchaus ihr Geld verdienen können. Manche Kanäle schaffen sogar mehrere zehntausend Euros pro Monat. Dafür aber muss man Abonnenten gewinnen und diese müssen für die Werbeindustrie interessant sein.

Als Erstes ist es wichtig, dass man Abonnenten bekommt. Dafür muss man interessante Videos bieten, die für die Zuschauerschaft einen Mehrwert bieten. Dieser Mehrwert kann Unterhaltung, Informationen oder etwas anderes sein. Sie müssen jedoch damit zufrieden sein, die Videos des eigenen Kanals anzusehen, damit sie diesen abonnieren und die Videos regelmäßig anschauen.

Die Abonnenten des eigenen Kanals müssen für die Werbeindustrie interessant sein. Das bedeutet, wer ständig Videos über Waffen und Militärs schaltet, wird kaum einen Werbekunden finden, der Babyprodukte vertreibt. In anderen Worten, man muss seinen Kanal so ausrichten, dass die eigenen Abonnenten diejenigen sind, für die es ein Produkt gibt.

Als Weiteres müssen die Abonnenten in der Lage sein, auf die Werbebotschaft zu reagieren. Das geht nicht, wenn sie zum Beispiel sehr jung sind. Junge Zuschauer sind zwar theoretisch leichter für Werbung anfällig, doch sie verfügen über nur sehr begrenzte Geldmittel bzw. treffen nicht die eigentliche Kaufentscheidung.

Weiterhin müssen die Abonnenten auch über die finanziellen Mittel verfügen, die in der Werbung angebotenen Produkte zu kaufen. Schließlich und endlich muss die eigne Zielgruppe als Gruppe groß genug sein, um mit der Werbung auch wirklich viele potenzielle Kunden zu erreichen.

Das Verdienen von Geld mit seinen YouTube-Videos birgt auch ein großes Risiko. Nur die wenigsten sind sich dessen überhaupt bewusst. Sobald man jedoch seine Videos monetarisieren möchte, dann werden diese von YouTube sehr genau überprüft. Gibt es auch nur die geringsten Zweifel an der Urheberschaft des Inhaltes oder der verwendeten Musik, dann werden diese gesperrt. Weiterhin werden bestimmte Inhalte überhaupt erst gar nicht zugelassen. Darunter fallen pornografische Darstellungen, Videos, die Gewalt oder den Genuss von Drogen verherrlichen oder sonstige juristische Probleme bereiten können. In einem solchen Fall wird zuerst einmal das betreffende Video blockiert. Im schlimmsten Fall kann jedoch das gesamte AdSense-Konto oder sogar der eigene Channel gekündigt werden.

Es gibt Programme, die es erlauben, die Klicks künstlich in die Höhe zu schrauben. YouTube kann dies jedoch sehen. Wer ein solches Programm für monetarisierte Inhalte verwendet, riskiert ebenfalls die Sperrung.

Jannik Utiz

Wer also Geld mit YouTube verdienen möchte, sollte seinen Kanal von Anfang an darauf ausrichten, nicht einfach nur Abonnenten, sondern auch die richtigen Abonnenten anzuziehen. Ebenfalls muss man akribisch prüfen, dass kein Urheberrecht verletzt wurde, und dass man auch keine anderen, rechtlich bedenklichen Inhalte präsentiert.

Der YouTube-Algorithmus

Nun ist das Video erstellt, und du planst, damit Geld zu machen. Die wichtigsten Punkte dazu haben wir schon benannt. Diese Punkte beinhalteten sowohl das Machen des Filmes, sein grundsätzliches Einstellen, wie du selbst zu einem Star in deinem eigenen Film wirst, und wie du im Grunde damit Geld verdienen kannst. So weit, so gut. Wenn man sich aber YouTube genau ansieht, dann ist diese Videoplattform nur ein Verteilungssystem. Es bringt dein Angebot, deine Videos, an die Kunden, deine Zuschauer. In einem solchen Verteilungssystem ist es auch wichtig, das Richtige zur rechten Zeit zum richtigen Kunden zu bringen. Wenn jemand auf ein Video klickt oder eine Wortsuche durchführt, dann willst du doch bestimmt, dass dein Video in der Liste der Vorschläge auftaucht, und am besten sogar noch einen führenden Platz einnimmt. Was darüber bestimmt, ist der YouTube-Algorithmus.

Der Algorithmus ist bekannt und unbekannt zugleich. Er wird heftig diskutiert und geheim gehalten. Dennoch oder auch deswegen ist er eines der wichtigsten Dinge, über die du Bescheid wissen musst.

Um den YouTube-Algorithmus zu verstehen, muss man beim ganzen Gedanken von YouTube ansetzen. Diese Plattform möchte Videos für Zuschauer zur Verfügung stellen. Das klingt einfach. Wenn man jetzt aber Millionen von Videos mit Millionen von Nutzern in diese Rechnung einbringt, dann wird es ziemlich kompliziert. Jede Suchanfrage kann theoretisch zu Tausenden von Treffern führen, die für den Nutzer, der die Anfrage durchführt, kaum einen Belang haben. Anders ausgedrückt, es kann leicht geschehen, dass man ohne ein

System, Videos und Nutzer zu managen, schnell dem falschen Nutzer das falsche Video zeigt. Dann sind die Nutzer nicht mehr interessiert, es kommt zu keinen Uploads mehr und die Plattform ist erledigt. Um dies zu verhindern, wurde der Algorithmus geschaffen.

Ganz simpel ausgedrückt soll der Algorithmus dafür sorgen, dass der Nutzer, der ein Video sucht, genau das findet, was ihn interessiert. Um dies sicherzustellen, werden eine Menge Daten erhoben und verwendet. Dabei geht es darum, zum Beispiel zu verhindern, dass jemand ein langweiliges und uninteressantes Video mit einem falschen Namen und falschen Tags versieht und dann damit überall auftaucht und schließlich Nutzer vertreibt.

Der YouTube-Algorithmus, welche Daten er benutzt und wie er sie verwendet, ist geheim. Dennoch kann man Rückschlüsse ziehen. Es ist dabei wie ein Blick hinter einen Vorhang, der sich nie ganz öffnet. Es sind die Erfahrungen der YouTuber, die es erlauben, Theorien über seine Arbeitsweise anzustellen.

Was das Enträtseln des YouTube-Algorithmus noch ein wenig erschwert, ist die Tatsache, dass es den einen Algorithmus eigentlich nicht gibt. YouTube verwendet mehrere Algorithmen für mehrere Funktionen, zum Beispiel für Empfehlungen, Vorschläge, ähnliche Videos, Metascores und Ähnliches. Das Gute ist jedoch, dass die Algorithmen sich nur im Detail unterscheiden, denn ihre Ergebnisse sind auch nur in kleinen Details verschieden. Die Hauptfunktion, das eigentliche Einteilen der Videos, das erfolgt nach einer einheitlichen Vorgehensweise und lässt sich unter dem Oberbegriff YouTube-Algorithmus zusammenfassen. Das wichtigste Element dafür ist die sogenannte Watch-Time.

Youtube

Unter dem Begriff Watch-Time ist mehr zusammengefasst, als die pure Zeit, die sich jemand ein Video anschaut. Vielmehr geht es um die Anzahl der Views, wie lange diese dauern, wenn ein Video angeklickt wird, wie lange eine Sitzung eines Nutzers dauert, wie diese Sitzung endet und auch wie oft Videos auf einem Channel hochgeladen werden.

Die Essenz des Ganzen ist die Frage danach, wie oft ein Channel aktualisiert wird, wie oft die Nutzer von YouTube auf diesem Channel ihre Sitzung beginnen und wie lange sie sich auf der Plattform aufhalten. Ein wichtiges Element dabei ist auch die Zeit. Die ersten 30 Tage nach dem Einstellen eines Videos sind entscheidend. In diesem Zeitraum sollte das Video von mindestens der Hälfte der Abonnenten des Channels angeschaut werden.

Für den Algorithmus ist es somit wichtig, dass ein Channel über eine große Anzahl an Abonnenten verfügt. Mindestens die Hälfte der Abonnenten müssen dann ein Video innerhalb der ersten 30 Tage nach seinem Hochladen anschauen, damit das Video überhaupt eine Chance hat, mehr Zuschauer über seine Lebenszeit hinweg anzulocken. Das kann man aber noch etwas mehr dramatisieren.

Es lässt sich eine Verbindung zwischen der Anzahl der Abonnenten, die ein neues Video innerhalb der ersten 48 Stunden nach seinem Hochladen anschauen, und der Gesamtanzahl der Nutzer, die sich das Video innerhalb seiner gesamten Lebenszeit anschauen, erkennen. Je mehr Abonnenten dazu gebracht werden, das neue Video gleich in den ersten zwei oder drei Tagen nach seinem Hochladen anzusehen, desto mehr Nutzern wird das Video später vorgestellt. Daraus ergibt sich dann eine größere Anzahl an YouTube-Nutzern, die das Video insgesamt ansehen.

Die Auswirkungen betreffen aber nicht nur das Video selbst. Die Plattform YouTube richtet sich auf die Channels aus. Ein Video ist dabei nur ein Teil eines Channels, doch die Auswirkungen des einen Videos erstrecken sich über den gesamten Channel.

Hat man es als YouTuber geschafft, ein Video einzustellen, und eine große Anzahl der Abonnenten hat es sich gleich nach dem Hochladen angeschaut, dann werden auch die nächsten Videos schneller und besser vorgestellt. Sie erscheinen dann als Empfehlungen und Vorschläge und weiter vorn als Treffer in einer Suchliste. Das Umgekehrte ist aber auch wahr. Wenn das erste Video ein Erfolg war, doch das Zweite schafft es nicht, gleich am Anfang die Abonnenten zu überzeugen, dann sinkt auch die Anzahl der Nutzer, die sich das erste Video anschauen. Das liegt einfach daran, weil die Videos des gesamten Channels nun weniger Nutzern empfohlen werden. Kurz, der Erfolg des Channels insgesamt hängt von jedem Video ab. Ein erfolgreiches Video kann die anderen Videos des Channels fördern, ein schlechtes Video jedoch kann die anderen Videos des Channels auch ausbremsen.

Nun könnte man daraus ableiten, dass YouTube ein wenig zu streng ist. Ein schlechtes Video kann einem ganzen Channel erheblichen Schaden zufügen. Andersherum jedoch ist es YouTube, das einen erfolgreichen Channel aktiv unterstützt. Die Plattform selbst kann nicht alle Videos bewerten und sollte dies auch nicht tun. Niemand kann schließlich annehmen, dass der Geschmack der Mitarbeiter dort dem Geschmack aller Nutzer entspricht. Daher übernimmt dies der Algorithmus. Gute Videos in einem Channel verheißen, dass das folgende Video auch gut wird. Daher wird mit dem Erfolg des einen Videos auch das nächste Video aktiv der Zuschauerschaft angeboten. Entspricht aber nun das nächste Video nicht dem Erfolg des Ersten, dann wird diese Unterstützung für den gesamten Channel heruntergefahren, um anderen, erfolgreichen Channels eine gute Unterstützung zu leisten. Es ist also nicht ein YouTuber gegen die Plattform und eine zu strenge Plattform, es ist ein faires Unterstützen der YouTuber, die sich bewährt haben.

Aus dem Ganzen kann man aber auch ableiten, dass es nicht genug ist, eine Menge Abonnenten zu finden. Die Abonnenten müssen den Channel unterstützen, indem sie aktiv sind und sich immer die neuesten Videos anschauen. Ein Abonnent, der den Channel zwar abonniert hat, doch nur selten hineinschaut, kann sogar schaden.

Neben der Anzahl der Abonnenten, die sich ein neues Video anschauen, ist es auch die Dauer des Anschauens, die einen Einfluss auf den Erfolg des Videos hat. Hierbei geht es als Erstes natürlich um das Video selbst. Dieses hat jedoch wiederum auch Auswirkungen auf den Erfolg des ganzen Channels.

Will man sich die Dauer des Anschauens ansehen, muss man aber zuerst damit beginnen, dass man sich die Länge des Videos einmal betrachtet. Die Daumenregel ist, dass ein längeres Video auch mehr Zuschauer anzieht. Nur wenige Leute schauen sich ein Video mit weniger als 5 Minuten Dauer an. Richtig erfolgreich dagegen sind Videos mit einer Dauer von 70 Minuten. Daraus ergibt sich, dass man lieber weniger, aber dafür längere Videos anbieten sollte, als viele und dafür kurze Filmchen.

Sind die Videos genügend lang, dann ergibt sich, dass eine minimale Anschauzeit von 8 Minuten pro Video zu einer deutlich größeren Anzahl an Viewern geführt hat. Daraus lässt sich schließen, dass der Algorithmus von YouTube positiv darauf reagiert, wenn die Videos für mindestens 8 Minuten angeschaut werden und dann daraufhin dieses Video mehr Nutzern empfiehlt.

Neben dem eigentlichen Anschauen der Videos ist auch die gesamte Sitzung der Nutzer von Bedeutung. Beginnt ein Nutzer auf YouTube seine Sitzung auf deinem Channel, dann ist das ein positives Ergebnis für dich und dein Channel wird dementsprechend mehr angeboten, schließlich hast du diesen Nutzer auf YouTube gebracht. Das ist auch wieder besonders für Abonnenten wichtig, denn diese sind die Nutzer, die am wahrscheinlichsten direkt mit deinen Videos einsteigen.

Neben dem Beginn der Sitzung ist es auch wichtig, wie lange sich die Nutzer auf der Plattform herumtreiben. Dabei kommt es nicht unbedingt darauf an, dass sie dies ausschließlich auf deinem Channel tun. Es reicht schon, dass du sie auf die Plattform gebracht hast. Je länger sie dann bleiben, desto besser für dich.

Umgedreht ist es sehr negativ, wenn ein Nutzer seine Sitzung mit deinem Channel beendet. Wenn ein Nutzer also YouTube verlässt, als er sich dein Video angesehen hat oder sofort danach, dann senkt das deine Bewertung im YouTube-Algorithmus herab.

Hier muss man noch einmal festhalten, dass du mit deinen Videos deinen Channel unterstützt, doch YouTube sich darauf konzentriert, deinen gesamten Channel zu unterstützen. Dementsprechend sind die negativen oder positiven Auswirkungen eines Videos auch immer

Youtube

Auswirkungen für den gesamten Kanal. Für YouTube besteht dafür eine einfache Logik. Ein Video wird einmal angeschaut, und das war es dann. Wenn aber jemand einen erfolgreichen Channel unterhält, dann kommen die Nutzer wieder und wieder. Diese Nutzer sind es, die für die Plattform wertvoll sind. Dementsprechend unterstützt es die YouTuber und deren Channel, die es schaffen, über eine lange Zeit hinweg eine große Zuschauerschaft anzuziehen.

Daraus ergibt sich, dass ein Channel besonders dann viele Zuschauer bekommt, wenn er über einen längeren Zeitraum eine große Anzahl an Viewern anziehen kann. Dann bekommt er die maximale Unterstützung der Plattform. Es kommt also mehr auf Konsistenz im Erfolg denn auf einen kurzen Hype an.

Mit dieser Konsistenz kann der YouTube-Algorithmus feststellen, wie viele Viewer ein Channel anziehen kann, und wird diesen dementsprechend unterstützen. Das bedeutet auch, dass der Inhaber des Channels dem Algorithmus unter die Arme greifen kann und sich dabei selbst am meisten hilft. Dies geschieht auf mehreren Wegen.

Als Erstes sollte der Channel sich auf einen bestimmten Inhalt konzentrieren. Auf diese Weise erhält man eine homogene Zuschauerschaft, die dann auch ein Interesse an jedem neuen Upload hat. Diese wird dann auf jedes neue Video gespannt sein und es sich sofort anschauen. Das schafft damit einen maximalen Eindruck auf den Algorithmus.

Der Inhaber des Channels sollte nicht einfach nur versuchen, viele Abonnenten zu bekommen. Anstatt also jeden dazu aufzufordern, ein Abonnent zu werden, sollte man diese Aufforderung damit verbinden, wenn jemand regelmäßig die Videos anschauen möchte. Nur ein

Abonnent, der auch wirklich immer wieder hereinschaut, ist ein guter Abonnent. Alle anderen schaden dem Channel nur.

Am besten bewähren sich Channels, die von dem Inhaber des Channels selbst beeindruckt sind. Wer teure Produktionen einstellt, bekommt oft nicht konstant genug Viewer und schadet damit seinem Channel. Wer aber den Channel auf sich ausrichtet, der erhält und behält eine homogene Zuschauerschaft, die sich mit dem Channel mitentwickelt.

Neue Channels haben es nicht leicht. Weil die alteingesessenen Channels bevorzugt werden, haben es neue YouTuber schwer, eine Nische für sich zu finden und eine Zuschauerschaft anzuziehen, die es als Erstes dem Channel erlaubt, zu überleben und dann auch noch mit der Zeit zu wachsen.

Für neue YouTuber kann man jedoch die eine oder andere Empfehlung abgeben. Als Erstes sollten sie sich auf Videos konzentrieren, die sich alle um das gleiche Thema drehen. Damit bekommt man eine homogene Zuschauerschaft. Dann sollten die Videos auch alle mindestens 10 Minuten lang sein. Das macht sie für die Zuschauerschaft interessanter und es sorgt für eine bessere Anschauzeit.

Typische Fehler auf YouTube

Viele Leute versuchen sich an YouTube, und oftmals scheitern sie. Das hat verschiedene Ursachen, doch es liegt fast immer nur an den eigenen Fehlern. Damit dir nicht die gleichen Fehler unterlaufen, haben wir hier die typischsten Fehler zusammengefasst.

Der erste Fehler ist die Idee, dass eine gute Ausrüstung gleichbedeutend mit einem Erfolg auf YouTube ist. Anstatt also viel Zeit und viele Gedanken in den Aufbau des Kanals, den richtigen Themen und der richtigen Präsentation zu investieren, wird viel Geld in die Gerätschaften gesteckt. Da werden Kameras für Tausende von Euros gekauft, dazu kommen hochqualitative Scheinwerfer, Mikrofone, die neuesten und schnellsten Computer und noch viel mehr. Das alles verschlingt jedoch eine Menge Geld und es sorgt für Druck. Wer viel Geld investiert hat, der will auch, dass sich seine Investition auszahlt und das am besten ganz schnell.

Anstatt sich am Anfang finanziell zu verausgaben, sollte man das beste Equipment benutzen, das man bereits hat, den eigenen Kopf und das eigene Smartphone. Gute Themen mit wertvollen Informationen oder mit guten Ideen sind weit wichtiger als teure Kameras. Dazu kommt eine gute Präsentation, die einfach auf einer gelungenen Durchführung des Drehs basiert. Die teure Ausrüstung kommt dann später.

Wenn du aber Geld am Anfang investieren kannst, dann solltest du es in einer sinnvollen Weise tun. Die meisten Anfängervideos kranken nämlich nicht so sehr an der Bildqualität, sondern mehr am Licht und dem Ton. Daher ist es besser, Geld in Scheinwerfer und Mikrofone zu stecken, die auch noch billiger als die teuren Kameras sind.

Ein weiterer Fehler ist oftmals ein unberechenbares Hochladen. Wie wir im Kapitel über den Algorithmus von YouTube dargestellt haben, ist es sehr wichtig, dass die Videos gerade in den ersten 48 Stunden nach ihrem Hochladen ordentlich angeklickt werden und es dabei gerade auf die Abonnenten ankommt. Damit die Abonnenten aber auch gleich auf die Videos gehen können, ist es wichtig, die neuen Videos regelmäßig einzustellen. Dabei sollten ein bestimmter Tag und eine bestimmte Stunde und sogar noch besser, die gleiche Minute eingehalten werden. Es ist auch angeraten, die Zeit des Einstellens anzukündigen. Das kannst du zum Beispiel am Ende des letzten Videos mit einem netten Spruch tun, so wie „… und wir sehen uns nächsten Dienstag zur gleichen Zeit, wenn wir das nächste Video einstellen".

Was sogar noch schlimmer ist als das unregelmäßige Einstellen, das ist das geballte Hochladen. Wer an einem Tag gleich 5 Videos einstellt und dann für die nächsten Wochen gar nichts, der schadet sich nur selbst. Besser ist es, jede Woche ein oder zwei Videos einzustellen, diese Zahl dann aber konstant zu halten. Damit hält man seine Abonnenten vor allem über einen langen Zeitraum bei der Stange.

Das Hochladen selbst kann man natürlich unabhängig von der Produktion des Videos gestalten. Man kann also durchaus innerhalb einer Woche 5 oder auch mehr Videos produzieren, man stellt sie dann eben nur über die nächsten Wochen verteilt ein. Dabei solltest du selbst einschätzen, wie oft du Videos drehen kannst, damit du dann eine normale Frequenz der Uploads einhältst. Wenn du dir dabei sogar sehr sicher bist, dann kannst du auch einen Upload-Plan erstellen und in den Beschreibungen veröffentlichen. Auch das motiviert deine Viewer, Abonnenten zu werden und es motiviert deine Abonnenten, gleich nach dem Upload das Video anzuschauen.

Ein weiterer gern gemachter Fehler, ist die Auswahl eines falschen Themas. Der Fehler kann hier in vielerlei Hinsicht gemacht werden. Als Erstes sollte das Thema nicht schon totgeritten oder von so vielen Kanälen aufgegriffen worden sein, dass du eine zu starke Konkurrenz hast. Als Zweites sollte das Thema nicht zu uninteressant sein. Es muss eine Menge Leute geben, die mehr dazu erfahren wollen. Als Drittes musst du etwas zu dem Thema beisteuern können. Du musst den Leuten, die etwas mehr erfahren wollen, dieses „Mehr" auch vermitteln. Dies gilt aber nicht nur für ein vereinzeltes Video, sondern für viele Videos hintereinander, die deinen Channel füllen. Als Viertes muss sich das Thema auch für die Werbung eignen. Es bringt nichts, über ein Thema viel zu wissen und viele Zuschauer zu haben, wenn man dazu kein Produkt bewerben kann. Über die Auto-Suggest-Funktion kannst du Themen finden, die die Leute interessieren. Du musst dann recherchieren, welches noch nicht so viel behandelt wurde. Du musst wissen, worüber du etwas sagen kannst und du musst dir auch überlegen, welches Thema sich am besten für Werbung eignet.

Während es sich lohnt, lange Videos zu haben, ist es generell nicht angeraten, ein Thema in die Länge zu ziehen. Wie wir im Kapitel über den Algorithmus festgestellt haben, ist es für die Nutzer interessanter, wenn ein Video wenigstens 70 Minuten lang ist. Das gilt jedoch nur dann, wenn du die Zeit auch mit nützlichen Informationen füllen kannst. Kannst du dies jedoch nicht, dann beschränke dich auf eine Länge, die deiner Informationsmenge angemessen ist, denn andernfalls springen deine Nutzer wieder ab und gehen zu anderen Videos oder, schlimmer noch, sie verlassen YouTube von deinem Video aus, was dir einen negativen Score verleiht.

Ein weiteres Problem bei Anfängern ist, dass sie das Video nicht optimieren. Damit ist gemeint, dass sie das Video zwar nett herstellen und dann auch veröffentlichen, sich aber weniger Gedanken über die Beschreibung oder den Titel machen. Das führt jedoch dazu, dass die Videos bei Suchanfragen weit weniger wahrscheinlich einem interessierten Nutzer gezeigt werden, und dass sie die Nutzer, die sie in der Suchliste sehen, nicht dazu animieren, sich das Video auch anzuschauen. Gib deinen Videos also einen interessanten Titel und bring die wichtigsten Informationen am Anfang der Beschreibung.

Der letzte Fehler, den gerade Anfänger immer wieder gern machen, ist es, zu früh aufzugeben. Vor allem die Anfänger, die eine Menge Geld in ihre Ausrüstung gesteckt haben, entdecken bald, dass der Erfolg nicht schnell kommt. Dass es dafür eine Menge Zeit braucht, sehen sie nicht ein. Sie wollen nur ihr investiertes Geld schnell wieder zurückbekommen und verkaufen ihre Ausrüstung wieder und geben danach auf. Besser ist es, wenig bis kein Geld in das Projekt zu stecken und dafür mit Geduld und Durchhaltevermögen an die Videos zu gehen. Dann kann man mit der Zeit auch einen Erfolg verzeichnen und diesen Erfolg dann im Weiteren ausbauen.

Fazit

Mit YouTube kann man Spaß haben und Geld verdienen, doch man muss auch in rechtlicher Hinsicht vorsichtig sein. Der Spaß ergibt sich einfach aus dem Umstand, dass jeder die Videos produzieren kann, die ihm gefallen und diese dann auch noch der Allgemeinheit zugänglich sind. Man ist also nicht von den Produktionen Anderer abhängig. Das Produzieren von Videos macht Spaß, vor allem dann, wenn man es als Teamprojekt betreibt und sich die Teammitglieder gut verstehen.

Viele machen ihre YouTube-Videos heutzutage jedoch, um am Ende damit Geld zu verdienen. Das ist nichts Schlimmes, doch es bedingt ein gewisses Maß an Planung. Man muss ein Thema für seinen Kanal finden, welches interessant für die Leute und die Werbeindustrie ist und man muss etwas dazu beizusteuern haben. Weiterhin sollte das Thema nicht überlaufen sein. Das allein kann schon eine kleine Wissenschaft darstellen und es bedingt so einiges an Aufwand für Recherchen.

Ist das Thema gefunden, dann geht es an den spaßigen Teil, die Produktion, aber auch hier ist nicht alles Spaß. YouTube-Videos brauchen eine gute Qualität. Dementsprechend muss man sich mit der Kamera und dem Bild, aber auch der Beleuchtung und dem Ton beschäftigen. Nur so bekommt man am Ende ein Video, welches bei den Zuschauern einen guten Eindruck hinterlässt.

Ist das Video gedreht, dann muss man es hochladen und schneiden. Dieser Abschnitt kann mitunter in einer langweiligen Arbeit enden, doch es muss getan werden. Hier ist es einfach wichtig, sich auf das gewollte positive Ergebnis zu konzentrieren.

Ist das Video nun gedreht, geschnitten und veröffentlicht, muss man die Werbetrommel dafür rühren und man muss auch Community-Arbeit betreiben. Das bedeutet, dass man sich in den sozialen Netzwerken bemüht, Aufmerksamkeit für sich und seine Videos zu finden, und dass man die Reaktionen der Nutzer auf das Video ernst nimmt und darauf reagiert.

Hat man eine große Community geschaffen, dann wird es auch kein Problem sein, die Werbeplätze zu verkaufen. Dann beginnt man, wirklich Geld zu verdienen. Hier hört die Arbeit jedoch nicht auf. Ganz im Gegenteil, es kommt darauf an, die Zuschauerschaft bei der Stange zu halten und sie über die Zeit noch auszubauen. Damit kann YouTube schnell zu einem Ganztagsjob werden.

Dann ist da noch der YouTube-Algorithmus. Wenn man ihn jedoch kennt, kann man seine Arbeit darauf ausrichten. Man braucht vor allem aktive Abonnenten, aber auch interessante Inhalte, und diese sollten in regelmäßigen Abständen präsentiert werden. So ist es den Abonnenten gleich nach dem Einstellen der Videos möglich, diese anzuschauen, was die Klickraten der Videos über ihre ganze Lebenszeit hinweg positiv beeinflusst.

Weil man gerade mit der Monetarisierung ein erhebliches rechtliches Risiko eingeht, sollte man hier sehr vorsichtig sein. Beim

Dreh sollte man nicht absichtlich unbeteiligte Personen filmen. Ebenfalls sollte man auf keinen Fall berühmte oder aktuelle Musik verwenden, ja, diese noch nicht einmal selbst einsingen. Hier hält man sich am besten an die freien Angebote der Mediathek von YouTube.

Hat man sein Projekt auf YouTube begonnen, dann braucht man Durchhaltevermögen. Der Erfolg kann kommen, doch er wird selten schnell kommen. Daher sollte man sich auch nicht gleich finanziell verausgaben. Es ist besser, mit einer einfachen Ausrüstung oder einfach nur dem Handy anzufangen und dies dann später aufzurüsten. Dann kann man auch die anfängliche Durststrecke durchstehen und den Erfolg dann langsam aufbauen.

Es ist gerade am Anfang schwer, Abonnenten zu finden und seine Videos an den Mann zu bringen. Daher ist es immer gut, wenn man sich an aktuelle Themen hält oder über die Suchanfragen die Themen heraussucht, die die Leute sehen wollen, zu denen es aber keine oder noch nicht so viele Videos gibt. Ebenso sollte man am Anfang, aber auch später noch, immer Wert auf Kooperation legen. Es stimmt zwar, dass man als YouTuber in Konkurrenz mit den anderen YouTubern steht, es stimmt aber auch, dass man zusammen stärker ist, als allein. Es ist jedoch wichtig, wenn man eine Kooperation anstrebt, dass man den Anderen eine wirkliche Hilfe anbietet, andernfalls werden diese nicht bereit sein, zu kooperieren. Dazu bedarf es auch, dass man die Angebote für eine Kooperation und die Hilfe klar benennt und detailliert erklärt.

Hat man nun alles bedacht, dann kann es an die Ausführung gehen. Wenn man sich die Geschichte von YouTube ansieht, dann hat wirklich jeder eine Chance, berühmt und mit seinem Kanal erfolgreich zu werden. Es kommt einfach auf eine gute Idee und eine gute Ausführung an. Wir wünschen dir dabei viel Glück und viel Erfolg.

www.ingramcontent.com/pod-product-compliance
Lightning Source LLC
Chambersburg PA
CBHW051532240526
45471CB00019B/959